Comunicação e mobilização social na prática de polícia comunitária

COMUNICAÇÃO E MOBILIZAÇÃO SOCIAL

Márcio Simeone Henriques

Comunicação e mobilização social na prática de polícia comunitária

autêntica

Copyright © 2010 Márcio Simeone Henriques

COORDENADOR DA COLEÇÃO COMUNICAÇÃO E MOBILIZAÇÃO SOCIAL
Márcio Simeone Henriques

CONSELHO EDITORIAL
Cicilia Maria Krohling Peruzzo; Desirée Cipriano Rabelo; Márcio Simeone Henriques; Nísia Maria Duarte Werneck; Rennan Lanna Martins Mafra

CAPA
*Alberto Bittencourt
(sobre tela de Rudimar Baldissera)*

EDITORAÇÃO ELETRÔNICA
Conrado Esteves

REVISÃO
Dila Bragança de Mendonça

EDITORA RESPONSÁVEL
Rejane Dias

Revisado conforme o Novo Acordo Ortográfico.

Todos os direitos reservados pela Autêntica Editora. Nenhuma parte desta publicação poderá ser reproduzida, seja por meios mecânicos, eletrônicos, seja via cópia xerográfica, sem a autorização prévia da Editora.

AUTÊNTICA EDITORA LTDA.
Rua Aimorés, 981, 8° andar. Funcionários
30140-071. Belo Horizonte. MG
Tel: (55 31) 3222 68 19
TELEVENDAS: 0800 283 13 22
www.autenticaeditora.com.br

**Dados Internacionais de Catalogação na Publicação (CIP)
(Câmara Brasileira do Livro, SP, Brasil)**

Henriques, Márcio Simeone
  Comunicação e mobilização social na prática de polícia comunitária / Márcio Simeone Henriques. -- Belo Horizonte : Autêntica Editora, 2010.
  -- (Coleção Comunicação e Mobilização Social, 8)

  ISBN 978-85-7526-504-8

  1. Crimes - Prevenção - Participação dos cidadãos 2. Movimentos sociais 3. Policiamento comunitário 4. Relações polícia-comunidade 5. Segurança pública I. Título. II. Série.

10-12102   CDD-363.2

Índices para catálogo sistemático:
1. Policiamento comunitário : Problemas e serviços sociais 363.2

SUMÁRIO

Prefácio... 7
Apresentação... 13

Capítulo I
A polícia em questão... 21
Policiamento e polícia.. 24
*A construção da legitimidade da força
policial: profissionalismo e burocratização*..................... 26
A lenta construção da aprovação pública........................ 29
Repolitização: a polícia em questão............................ 31
*O apelo à mudança institucional
e as respostas da polícia*....................................... 38
*Polícia Comunitária como
um problema de relações públicas*................................ 42

Capítulo II
Quais comunidades?... 47
Comunidade como conceito multidimensional...................... 48
*Mudança nas formas de sociabilidade
e organização da vida coletiva: entre as
comunidades tradicionais e as contemporâneas*.................... 52
*A dinâmica e as contradições dos grandes
espaços urbanos na sociedade complexa*........................... 55
O que pode ser a "comunidade" para a polícia?.................. 59

Capítulo III
A mobilização social e sua aplicação
em programas de polícia comunitária.............................. 67
*Mudança nas formas de exercício político – a concepção
contemporânea de democracia e de cidadania*...................... 69

O conceito de mobilização social no atual
contexto de democracia participativa.. 72

A comunicação entre poder público e cidadãos,
no plano individual e no plano coletivo..................................... 75

A mobilização social como fator
da prática de polícia comunitária.. 80

Capítulo IV
A coletivização da causa da segurança pública........ 89

Coletivização: a formação do interesse
público e a constituição de causas sociais................................ 90

A grupalização: desenvolvimento da mobilização
dos diversos atores em função de uma causa.......................... 96

A coletivização de causas relativas à
segurança pública: principais desafios..................................... 99

Capítulo V
A geração de vínculos no processo
de mobilização social... 107

O estímulo à ação... 108

Os elementos de coesão e
de continuidade do grupo mobilizado................................... 113

Os principais desafios para a constituição
do vínculo corresponsável com os públicos
dos projetos de mobilização social.. 116

Conclusão – O desafio à comunicação pública da polícia: estímulo à participação e à cooperação..... 123

Referências... 129

O autor... 135

PREFÁCIO

Nazareno Marcineiro*

Li, certa vez, numa dessas mensagens sem autor identificado que se recebe pela internet, que a vida das pessoas poderia ser comparada a um trem em deslocamento, que ao longo da viagem vai parando nas estações, onde desembarcam alguns convivas e embarcam outros. Diz a mensagem, que alguns, entretanto, permanecem ao longo de muitas estações. Foi numa dessas estações do trem da minha vida que entrou o Professor Márcio Simeone. Lembro-me bem da "estação" porque o episódio foi marcante e representativo da personalidade gentil e afável desse mineiro de fala mansa e inteligência aguçada. Nessa ocasião, fora convidado pela Secretaria Nacional de Segurança Pública para um seminário na cidade do Rio de Janeiro e, quando lá cheguei, soube que a coordenação do evento instalara os participantes em quartos duplos, alocando-os aleatoriamente em duplas, segundo serem palestrantes ou ouvintes. Coube-me como parceiro de quarto aquele que iria falar sobre mobilização comunitária no evento.

Antes de conhecer o companheiro de quarto, entretanto, comentei entre alguns colegas que se aproximaram para me

---
* Coronel Chefe do Estado Maior Geral da Polícia Militar de Santa Catarina.

cumprimentar, que preferiria ficar sozinho no quarto, pois precisava de privacidade para desenvolver um trabalho acadêmico, nos momentos de tempo livre e imaginava que com alguém dividindo o quarto, inevitavelmente, o tempo livre seria ocupado com conversas, por vezes interessantes, mas que limitariam a realização do trabalho pendente. Quando cheguei ao quarto, vi que o meu companheiro havia retirado a sua bagagem e me deixou sozinho durante o tempo em que lá estive. Soube, mais tarde, que o parceiro seria o Professor Márcio Simeone e que, diante da possibilidade de causar algum transtorno, teria se transferido para a casa de um parente ou amigo que morava no Rio de Janeiro, para me deixar a vontade. Nesse momento, percebi que cometera um grande erro e estava perdendo a oportunidade de conviver com um grande homem durante algum tempo.

Tive, entretanto, em seguida a oportunidade tanto de pedir desculpas pela indelicadeza do comentário, quanto de conversar longamente com ele sobre situações e temas de interesse comum.

Esse foi o primeiro de muitos outros encontros e debates que tivemos, sempre em função dos temas mobilização social e organização comunitária e polícia comunitária, que são de interesse comum.

Quando precisei compor o corpo de Professores Autores do Curso de Pós-Graduação em Polícia Comunitária a distância, oferecido pelo Campus Virtual da Universidade do Sul de Santa Catarina (UnisulVirtual) em parceria com a Secretaria Nacional de Segurança Pública (SENASP), movido pelo desejo de reunir os principais expoentes do Brasil em cada tema, convidei o Professor Márcio para produzir o texto que seria usado como livro didático da disciplina "Mobilização Social e Organização Comunitária".

O resultado não decepcionou. Uma bela produção acadêmica que resultou num reverenciado texto didático do curso. Esse texto, agora transformado em livro de circulação irrestrita, é de fácil e agradável leitura, construído numa linguagem acessível aos leigos e esclarecedora e estimulante para os técnicos. Para estes, além disso, uma obra de muita importância profissional, uma vez que evidencia necessárias reflexões e desafios prementes que muitos colegas preferem não enfrentar, ora por temer as conclusões, ora por não possuir a instrumentalização necessária para se desincumbir bem da tarefa. Essas impressões, que não se restringem à opinião desse honrado prefaciador, foram manifestadas por todos os alunos do Curso, que puderam emitir opinião sobre a qualidade do conteúdo do material didático apresentado.

De fato, temos aqui um primoroso trabalho acadêmico que certamente contribuirá para lançar luzes sobre esse tema sempre pautado nas agendas de debates de políticos e sociólogos, mas por vezes tratados com superficialidade e tendência.

Neste livro o professor Márcio Simeone fundamentou a sua abordagem nos principais pesquisadores de segurança pública do mundo. Produziu um texto que permite ao leitor compreender a evolução histórica do trabalho da polícia e a real razão da necessidade de falar em mobilização social e organização comunitária para legitimar o trabalho policial. Evidenciou ainda que a construção de estratégias modernas para coibir a prática do crime e da violência, em busca de melhores níveis de paz e tranquilidade nos espaços sociais de vida humana, carece da participação coletiva e do engajamento de todos.

Restou realçada a necessidade das organizações de polícia para o desenvolvimento e a consolidação das democracias, não obstante, o paradoxo identificado pelo autor, que destaco *in verbis*, na manifestação de Hermann Goldstein (2003, p. 13), quando diz que "em uma sociedade livre, pela natureza estrita de suas funções, a polícia é uma anomalia", no entanto, "para manter o grau de ordem que torna possível uma sociedade livre, a democracia depende de maneira decisiva da força policial".

O livro oferece ainda a possibilidade de uma reflexão sobre a necessidade de a polícia prestar contas do seu serviço ao cidadão e da preocupação – de já expressivo segmento das organizações policiais – de gerar mecanismos internos de controle da eficácia do trabalho policial. Essa preocupação das organizações públicas tem sido debatida sob o rótulo da expressão, ainda não traduzida para o português, *accountability*.

Na abordagem desse tema, mais uma vez, o autor é perspicaz em perceber que as organizações de polícia brasileiras buscam atender às necessidades dos cidadãos, usuários dos seus serviços, mas não podem se descuidar do cumprimento da Lei, o que, por vezes, geram insatisfações em quem vê limitado as suas pretensões. De forma irrefutável diz: A *accountability* externa deve simbolizar a subordinação da polícia à lei e a democracia ao mesmo tempo em que assegure que os processos disciplinares e administrativos internos possam operar eficazmente (REINER, 2004). Este é, portanto, um ponto ainda carente de muitas definições e da produção de novos consensos.

O autor consegue evidenciar que, para os policiais no exercício da profissão, encontrar o ponto de equilíbrio entre atender as necessidades do cidadão/usuário no serviço policial e impor restrições de conduta, conforme estabelece a legislação vigente, é um grande e permanente desafio, que se renova a cada dia de trabalho e a cada nova missão.

Preocupado com essa dimensão do trabalho policial e no afã de prestar um serviço policial personalizado e com respeito às peculiaridades de cada comunidade, quando fui comandante de uma Região Policial Militar no sul do estado de Santa Catarina, defini que conduziria o trabalho policial naquela região orientado por quatro eixos estruturantes. São eles: (a) proximidade policial ao cidadão; (b) proatividade do policial; (c) ação sobre as causas fundantes da desordem, da violência, do crime e do medo do crime; e (d) formação de parcerias para intervir de forma abrangente e criativa sobre as causas do problema. Para isso, toda a área da jurisdição foi subdividida em setores de policiamento para os quais foram designados policiais que deveriam continuar vinculados ao local em todas as suas jornadas de trabalho. A medida resultou numa melhoria da *performance* policial na região, além, é claro, de como bem foi evidenciada no livro, ter gerado melhoria da imagem organizacional muito significativa.

Essa experiência profissional de um policial, que aqui tenho a felicidade de representar, corrobora com os elementos conceituais que o acadêmico Professor Márcio Simeone arrola ao longo das páginas deste importante livro que vem reforçar um pouco o escasso acervo bibliográfico que trata da temática.

Finalizando, e sem a menor pretensão de ter somado alguma coisa ao escrito do autor, gostaria de externar, mais uma vez, a minha satisfação por poder ler o texto antes das outras pessoas, seja quando foi livro didático da UnisulVirtual, seja agora, que será colocado ao acesso de todos que queiram se deliciar com a leitura de um bom e instrutivo livro sobre mobilização social e organização comunitária para a segurança pública. Gostaria de agradecer, sensibilizado, a lembrança do meu nome para prefaciar tão importante obra, produzida por tão ilustre acadêmico. É, efetivamente, uma grande honra.

Gostaria, por derradeiro, de deixar explícito que considero o professor Márcio Simeone uma daquelas pessoas que valorizam a viagem existencial de quem tenha a sorte de vê-lo entrar no seu trem da vida, ao parar em uma estação. Ele representa o reduzido contingente de indivíduos que devemos buscar sentar ao lado e ali ficar a maior parte da viagem, pois ao seu lado o crescimento intelectual e espiritual é inexorável.

Aproveitemos, então, a oportunidade de compartilhar um pouco da companhia dele neste trecho de nossas viagens de vida.

Vida longa e próspera.

APRESENTAÇÃO

Há uma vasta literatura que tem abordado nos últimos anos os fundamentos de uma prática que ficou conhecida como "policiamento comunitário". Também chamada de "polícia comunitária", essa prática está sendo progressivamente inserida como uma política de segurança pública no Brasil.[1]

---

[1] O termo policiamento comunitário tem sido o de uso mais abrangente para designar múltiplas modalidades das práticas policiais orientadas para a prevenção e a solução de problemas a partir de ações locais. Outros termos têm sido utilizados comumente, tais como Polícia Cidadã, Polícia Preventiva, Polícia Interativa, Polícia Solidária, etc., para nomear os programas institucionais de vários departamentos de polícia em vários países do mundo e nos vários estados brasileiros. De toda forma, não é um conceito unívoco, mas um conjunto amplo de programas e práticas administrativas inspiradas numa filosofia comunitária (ILANUD, 2002). Por isso, nesse trabalho fazemos menção ao termo "filosofia de polícia comunitária", para designar essa corrente que, nas últimas décadas, disseminou-se rapidamente. Note-se também que boa parte da documentação que corresponde à inserção oficial da polícia comunitária no sistema de defesa social, como o Plano Estadual de Segurança Pública do Estado de Minas Gerais, de 2000, a ela se refere como uma "filosofia de provimento de segurança pública" (MINAS GERAIS, 2000, p. 72). Da mesma forma, a própria diretriz do Comando-Geral da PMMG que a institui, no ano de 2002, assim a nomeia em seu próprio título (MINAS GERAIS, 2002c), o que reforça a nossa opção pela utilização do termo "filosofia".

A polícia comunitária concebe uma mudança de paradigma em relação aos modelos de policiamento vigentes ao longo do século XX, buscando aproximar as agências policiais dos cidadãos a quem deve servir, tendo por base a cooperação desses cidadãos de forma organizada, para prevenir crimes e diminuir as possibilidades de situações de violência.

Quando se fala em práticas de polícia comunitária, logo vêm à tona muitas indagações sobre a melhor forma de trabalhar com as comunidades, mas nem sempre se compreende bem o que sejam hoje essas comunidades. O próprio termo "comunidade" é polissêmico, e seus sentidos vão variando conforme os vários contextos. Por isso, é sempre difícil ter um guia prático que padronize práticas de mobilização para lidar com comunidades.

O objetivo deste livro é problematizar a questão da comunidade e das formas de mobilização social, tal como se pode perceber na sociedade contemporânea. À luz da compreensão desses conceitos é possível, então, levantar algumas possibilidades de lidar na prática com o processo de coletivização das temáticas relativas à segurança pública, sem perder de vista seus dilemas cruciais que aparecem no dia a dia do exercício do policiamento comunitário.

A mobilização social é abordada como um processo comunicativo – de interlocução e de interação entre os sujeitos que agem coletivamente em prol da segurança pública, de tal forma que é fundamental entender os vínculos que eles criam – entre si e com a ação pela causa. Só assim é possível conceber as melhores estratégias de comunicação que devem operar no sentido não de fazer mera divulgação e propaganda, mas de dar o necessário suporte para gerar entendimentos e proporcionar um ambiente propício à cooperação entre a polícia e os cidadãos. O sentido de tal interlocução e cooperação não é somente operacional. Se, de um lado, a aposta nas práticas de polícia comunitária é na maior eficiência do trabalho policial na redução da criminalidade, de outro, ela também se faz pela necessidade de que esse trabalho seja adequado aos novos modelos de exercício democrático e se baseie no respeito aos direitos humanos.

A obra busca reunir minha experiência como instrutor, desde 2004, de cursos de Multiplicador de Polícia Comunitária ministrados para a Polícia Militar de Minas Gerais, para a Secretaria de Estado de Defesa Social de Minas Gerais e para a Secretaria Nacional de Segurança Pública, além de subsídios sobre a comunicação na prática de polícia comunitária que obtive com a pesquisa realizada em meu doutoramento entre os anos de 2004 e 2008, que resultaram na tese *Falar para a sociedade, falar com as comunidades: o desafio na construção do diálogo na comunicação pública da Polícia Militar de Minas Gerais*, no Programa de Pós-Graduação em Comunicação Social da Universidade Federal de Minas Gerais.

No momento em que as políticas públicas, nacional e estaduais, na área de segurança instituem a filosofia e a prática de polícia comunitária como um elemento fundamental na prevenção da violência e da criminalidade, esta obra, organizada de forma didática, pode contribuir para os programas de formação dos quadros policiais e para o fomento das principais discussões sobre o tema, à luz de conhecimentos da área da Comunicação Social. Espero que possa contribuir, mais especificamente, para suprir uma carência de bibliografia sobre a questão da mobilização social aplicada a esse conjunto de práticas.

O capítulo introdutório apresenta a filosofia de polícia comunitária, situando-a como um problema contemporâneo a ser publicamente considerado. É essencial situá-la teoricamente, já que não se afigura apenas como uma prática operacional, mas possui profundo sentido político que engloba as questões de aceitação e legitimação, nas sociedades democráticas contemporâneas. Por isso, a filosofia de polícia comunitária toma forma, dentre outras coisas, como uma resposta ao apelo por inovação institucional e por *accountability*.

Em seguida abrimos, no capítulo 2, uma discussão sobre o sentido que se dá ao termos "comunidade" e comunitária".

A ideia é de que as grandes transformações operadas no mundo moderno desafiam as noções tradicionais de comunidade, baseadas no parentesco e na vizinhança. É preciso examinar com atenção quais são os elementos que definem o sentido de comunidade, quando estamos diante da população de determinada localidade. Isso só pode ser feito observando os seus modos de vida e de convivência, suas formas de sociabilidade e conhecendo as estratégias que esses sujeitos utilizam para organizar a sua vida coletiva. Não é possível manter uma visão simplista e ingênua de comunidade. É fundamental compreender quais são os elementos principais que os sujeitos compartilham em determinados grupos (em termos de preferências e de interesses), além dos conflitos que derivam das contradições geradas pela convivência naquele espaço. Compreender as formas, os meios e as estratégias de comunicação é essencial para compreender como se dá a organização coletiva no âmbito local e o sentido que a comunidade pode ter para a polícia, considerando a prática de polícia comunitária.

O capítulo seguinte introduz o sentido de mobilização social presente nos programas de polícia comunitária. A mobilização social é aqui entendida dentro do contexto contemporâneo, onde o exercício político democrático demanda a movimentação dos cidadãos. A relação entre Estado e sociedade civil pressupõe uma organização de grupos de cidadãos que, reunidos em torno de causas de interesse público, compartilham sentimentos, conhecimentos e responsabilidades sobre diversas questões que os afetam. Uma democracia participativa e deliberativa pressupõe uma inovação no desenho das instituições públicas e no seu modelo de comunicação, que deve incorporar a necessidade de interlocução permanente com os cidadãos, não apenas no plano individual mas principalmente no plano coletivo. O desafio das instituições públicas e, dentro delas, da polícia, é instituir as possibilidades efetivas de interlocução, através de canais formais e informais.

Com isso, diante do desafio de uma prática comunitária, a polícia precisa conhecer em cada localidade o tipo de organização comunitária e suas formas de mobilização, chamando à participação cívica, além de reconhecer sua responsabilidade como facilitadora do processo mobilizador em torno das questões de segurança pública, criando as condições para a interlocução e um ambiente propício à cooperação na solução dos problemas. A mobilização e a organização comunitárias nos programas de polícia comunitária devem ser vistas em relação aos seguintes grandes vetores: (a) colaboração entre os cidadãos em atividades de prevenção; (b) o fortalecimento dos meios de controle social da própria comunidade; e (c) a instituição de parceria decisória entre a polícia e as populações locais.

O capítulo 4 trata da questão da coletivização das causas relacionadas à segurança pública. A coletivização é um processo que tem início com a proposição de um problema que transcende o âmbito individual ou privado para atingir uma dimensão coletiva, pública. Isso é fator essencial para a constituição de uma causa social. Assim, a formação do interesse público é o fator fundamental para a mobilização social, ou seja, para que cidadãos e instituições construam uma corresponsabilidade em relação a certos problemas, com o intuito de definir propósitos comuns de ação. A coletivização pressupõe também o processo de grupalização, ou seja, da formação de grupos dispostos a defender uma causa, de iniciar e manter o processo de mobilização. Esse processo exige certas condições em relação à proposição pública da causa: concretude, caráter público, viabilidade e sentido amplo. A formulação dos problemas que afetam a segurança e sua visibilidade são alguns dos principais desafios da coletivização das causas de segurança pública, tendo em vista a filosofia de polícia comunitária.

Na sequência, o capítulo 5 trata da geração de vínculos entre os sujeitos e deles com a causa e o projeto de mobilização em segurança pública. Aqui tomamos como referência as ideias com as quais temos trabalhado nos últimos anos, referentes às estratégias de comunicação na busca do vínculo ideal da corresponsabilidade em processos de mobilização social, já inscritas no livro *Comunicação e estratégias de mobilização social* (HENRIQUES, 2004) e em vários outros textos posteriores. O vínculo ideal buscado nos processos de mobilização social é o da corresponsabilidade, no sentido de que os sujeitos se sintam efetivamente envolvidos no problema e comprometidos com a sua solução, mesmo que não sejam diretamente afetados. A busca da corresponsabilidade pressupõe uma construção desses vínculos, que depende de inúmeros fatores: muito além da prestação de informações sobre a causa e sobre o projeto, entram em jogo também o julgamento dos públicos e a sua motivação para a ação. Mesmo assim, a ação corresponsável não está garantida. Depende também da coesão e da continuidade do processo mobilizador. Os grandes desafios da vinculação na mobilização social podem ser vistos em relação aos públicos – os agrupamentos de pessoas e instituições sobre os quais o projeto mobilizador desperta interesse. A partir do interesse mútuo, poderão ser traçadas estratégias de envolvimento dos públicos, para que eles se identifiquem efetivamente com a causa e com o projeto, deixando de ser apenas beneficiados para se tornar legitimadores e geradores. Podem ser identificados inúmeros dilemas ligados à vinculação dos públicos a programas de polícia comunitária, especialmente no que se refere à sua participação em instâncias formais de interlocução, como os conselhos comunitários.

Na conclusão, considerei útil apontar os principais desafios que se apresentam para a comunicação pública das agências policiais, considerando que a demanda por estímulo e fomento à participação cívica, baseada na mobilização de diversos atores em prol da segurança pública, exige mais do que a difusão de informações para a construção de um ambiente de interlocução e de cooperação. Isso requer mudança de postura na comunicação pública da polícia e das suas estruturas institucionais que cuidam da comunicação organizacional.

Devo mencionar que este trabalho deve sua existência a um grupo de pessoas que têm se defrontado, na Polícia Militar de Minas Gerais, com o desafio de implementar a Polícia Comunitária. É mister, portanto, agradecer não somente aos oficiais e funcionários civis da PMMG que me apresentaram a este objeto de estudo, prestaram-me valiosas informações na fase exploratória, abriram-me o acesso a documentos e fontes da Corporação e foram fontes para as entrevistas realizadas para a elaboração de minha tese. Por serem muitos, declino de nomeá-los, mas manifesto meus agradecimentos na pessoa da Cel. Luciene Albuquerque.

Também não posso deixar de mencionar o valioso auxílio das lideranças comunitárias e membros dos Conselhos Comunitários de Segurança Pública de Belo Horizonte e de várias pessoas envolvidas com a proposta de polícia comunitária em Minas Gerais e em outros cantos do País, que pude conhecer nos encontros, nos seminários e nos cursos sobre o tema. Algumas dessas pessoas foram contumazes (e pacientes) interlocutores nesse período. Uma especial menção deve ser feita à colaboração – indispensável – de Geraldo Frances Vaz e Marina de Melo Marinho Brochado, preciosos auxiliares nos caminhos tortuosos de minha pesquisa de campo. À professora Rousiley Maia, minha orientadora no Doutorado, minha especial gratidão pela orientação competente, sempre estimuladora e generosa. Por meio dela estendo meu reconhecimento ao trabalho dedicado de todos os colegas que compõem o Grupo de Pesquisa em Mídia e Esfera Pública (EME), por ela coordenado.

Não posso deixar de registrar que a sistematização e a apresentação didática de minha experiência com o tema deveram-se também à minha participação na elaboração de conteúdo para a disciplina de Mobilização Social e Organização Comunitária do Curso de Especialização em Polícia Comunitária da Universidade do Sul de Santa Catarina (UnisulVirtual). Fui conduzido a esse desafio pelas mãos do Cel. Nazareno Marcineiro, da Polícia Militar de Santa Catarina, grande estudioso em polícia comunitária. Por isso, meu crédito de gratidão a ele e a toda a equipe daquela Universidade.

CAPÍTULO I

A polícia em questão

O tema *polícia comunitária* tem sido objeto de investigação em várias partes do mundo, inclusive no Brasil, onde proliferam, nos últimos anos, estudos sobre a questão do crime, da violência e sobre a atuação dos órgãos de segurança pública, tendo em vista a necessidade de ampliar os conhecimentos sobre as alternativas capazes de minimizar os problemas de expansão dos índices de criminalidade. Também são vários os estudos que buscam relacionar a filosofia de polícia comunitária a novos entendimentos sobre a questão policial que, nos últimos anos, estão associados a uma visão de "crise da polícia", à premência de, em regimes democráticos, adequar a prática das agências policiais aos direitos humanos e às exigências de participação dos cidadãos na formulação, na execução e na fiscalização das políticas públicas.

Ao examinarmos o histórico da introdução da filosofia de polícia comunitária, podemos perceber que ela não é somente uma simples mudança de rotinas operacionais da polícia nem apenas uma estratégia de propaganda à qual recorre para gerar aceitação pública. A forma como vem sendo proposta e, mais ainda, o modo como veio inserir-se no corpo doutrinário, indica que a filosofia de polícia comunitária é parte importante de significativa mudança estrutural, que tenta transformar o seu *modus operandi* e as formas de lidar com a sociedade. Por isso mesmo, tal mudança não é fácil nem rápida.

Acreditamos que, no bojo de uma ampla e progressiva reforma da polícia, a polícia comunitária faz parte de uma resposta à necessidade de reposicionar a instituição no contexto de sociedades democráticas. Não parte apenas da ideia de que a cooperação entre polícia e cidadãos pode gerar melhores resultados no combate à violência e à criminalidade, mas de que a polícia deve responder de outra maneira à sociedade. As questões políticas ligadas à responsabilização e à *accountability* policial são importantes para compreender esse contexto. Tal preocupação é um fenômeno generalizado desde o final do século XX, em países democráticos e, no Brasil, apresenta-se com peculiaridades históricas locais, dado o recente processo de redemocratização. Talvez essa singularidade torne o processo de reforma ainda mais árduo, considerando a persistência de uma cultura autoritária da instituição, de uma imagem estreitamente vinculada à repressão e à violação de direitos humanos e, por conseguinte, de uma desconfiança de segmentos da população. Outro aspecto peculiar é a estrutura dual da polícia no Brasil, que divide entre duas agências – civil e militar, as tarefas respectivas de investigação e de patrulhamento e com uma tradição de quase nenhuma integração entre as suas atividades.

A evolução histórica da polícia e de seus modelos de policiamento tem estreita ligação com as formas de relacionamento instituídas pelo Estado como instância reguladora da sociedade. Assim, a polícia vem a ser o instrumento através do qual o Estado detém o monopólio da violência legítima, no sentido de possibilitar a contenção da violência praticada pelos sujeitos. A própria emergência de estados nacionais fez-se acompanhar de uma política capaz de combinar potência estatal e bem-estar coletivo, como forma de conquista de sua própria legitimidade, fazendo nascer o que se poderia chamar de "Estado Policial". A atual estrutura estabeleceu-se na Europa durante os séculos XVIII e XIX, no contexto dos estados monárquicos, autoritários e inquisitoriais. A urbanização acelerada fez surgir uma preocupação cada vez maior com a manutenção da ordem pública e a imposição de uma disciplina social no espaço urbano.

O desenvolvimento das forças policiais, apesar de se dar de forma peculiar nos diferentes países, seguiu uma linha evolutiva comum, enfrentando questões semelhantes de legitimação nos países democráticos, o que é amplamente explorado pela literatura sobre o tema (GOLDSTEIN, 2003; MONKKONEN, 2003; MOORE, 2003; REISS JR., 2003; REINER, 2004). Uma análise desse percurso permite visualizar como, nessas sociedades, essas forças foram lentamente construindo uma legitimidade baseada principalmente na sua extrema profissionalização e na construção de uma estrutura burocrática rígida. Isso trouxe como consequência, entre outras coisas, um isolamento das agências policiais em relação às comunidades que deveriam servir. Por outro lado, os estudos mais recentes permitem-nos observar que a polícia tornou-se uma organização severamente questionada. Uma "repolitização", mais nítida após os anos 1960, torna-se fonte de intensa pressão por inovação institucional, ou seja, para que a polícia possa se adequar às exigências democráticas (um modelo de exercício democrático mais participativo, em que a noção de cidadania se alarga) e do Estado de Direito (respeito aos direitos humanos, o que significa coibir qualquer tipo de abuso da autoridade policial). Em resposta a esses desafios, departamentos de polícia de várias partes do mundo vêm buscando implementar programas que têm como característica comum uma abordagem comunitária, ou seja, uma reaproximação com o público em cada localidade.

Em seguida, buscaremos abordar mais detalhadamente a constituição da organização policial moderna e as formas pelas quais logrou legitimar-se, para compreender o significado dos recentes questionamentos políticos e as respostas engendradas pelas agências policiais sob a forma de programas que apontam para uma inovação institucional.

Policiamento e polícia

Toda sociedade, em qualquer tempo histórico, institui formas de manter a segurança através de mecanismos de vigilância e ameaças de sanção, ou seja, de policiamento. Com o objetivo de preservar a segurança de uma ordem social particular ou da ordem social em geral, o policiamento é um aspecto dos processos de controle social, "que ocorre universalmente em todas as situações sociais onde houver, no mínimo, potencial para conflito, desvio ou desordem" (REINER, 2004, p. 27). Entretanto, a noção de polícia tal como hoje a conhecemos é uma invenção moderna, surgida no contexto de uma sociedade complexa – industrial e urbana. Costuma-se considerar como marco dessa invenção a criação da Polícia Metropolitana de Londres em 1829. Comumente chamada de "Nova Polícia", essa força organizada contrapunha-se ao velho modelo de policiamento, realizado de forma amadorística, voluntária e de base comunal.

Mas o caso londrino não foi o único e não teria sido exatamente o primeiro. Na verdade, tanto na Europa como na América do Norte, começa a surgir, em meio à efervescência das mudanças políticas, sociais e econômicas da segunda metade do século XVIII, a demanda por uma nova forma de policiamento que pudesse dar conta de uma nova realidade: consolidação do poder do Estado; intensa migração do campo para as cidades, com a dissolução das formas de sociabilidade tradicionais e das lealdades baseadas nos laços comunitários; geração de novos padrões de vida e convivência no espaço urbano; crescimento do proletariado industrial; divisão do trabalho e especialização econômica na passagem de uma sociedade dominada por relações familiares para uma sociedade estruturada em classes. Além disso, o combate à criminalidade nesse novo contexto passou a exigir uma força repressiva mais especializada, que fez com que os exércitos se retirassem da tarefa de combate ao crime (BEATO FILHO, 1999, p. 18).

As sociedades modernas, nas quais o Estado passa a deter o monopólio do emprego legítimo da força, desenvolvem, portanto, de forma mais ou menos simultânea, a polícia como organização encarregada de manter a ordem, a ela confiando a autoridade para o uso de tal força. O recurso da autoridade, que distingue a polícia, "coloca o policiamento no centro do funcionamento do Estado" (REINER, 2004, p. 170). Apesar dos traços e dos objetivos comuns, a criação e o desenvolvimento dessas forças se deram de maneira diferente no contexto de distintos países. Assim, a França registra, com o sucesso da Revolução, a necessidade de criação de uma força pública, com o objetivo de garantia de direitos. A Constituição de 1791, em seu artigo 12, previa expressamente que "a garantia dos Direitos Humanos e os dos cidadãos requer uma força pública; esta é, portanto, instituída em benefício de todos, e não para a utilidade particular daqueles a quem ela é confiada".[2] Na Inglaterra, de modo distinto, a ideia da Polícia Metropolitana se deu no contexto de um amplo processo de pacificação ou integração da sociedade vitoriana (REINER, 2004, p. 76). Os mecanismos de vigilância "paroquiais" demonstraram-se insuficientes, e os dispositivos de aplicação da lei começaram a ser ameaçados, levando a uma condição "intolerável" que conduziu à formação na "Nova Polícia".[3]

Tanto o caso francês como o inglês tornaram-se paradigmáticos com o tempo. O modelo anglo-saxão, caracterizado por uma polícia descentralizada, apartidária, não militar e que exerce a coerção por consenso; o francês, como uma polícia de Estado centralizada, politizada e militarizada. Mas, como

---

[2] O texto é da *Declaração dos direitos do homem e do cidadão*, de 1789, que se tornou preâmbulo da Constituição Francesa de 1791. Disponível em: <http://www.direitoshumanos.usp.br>. Acesso em: 14 mar. 2007. Francis Cotta (2006) ressalta este ponto como um importante marco na designação da polícia como força pública.

[3] Sítio da London Metropolitan Police. Disponível em: <http://www.met.police.uk>. Acesso em: 20 jun. 2006.

observa Beato Filho (1999, p. 18), os modelos existentes são uma combinação complexa de elementos organizacionais, ou seja, nenhum dos dois modelos firmou-se "em estado puro". Entretanto são nítidas as influências de ambos na construção dos modelos de organização policial que se espalharam por todos os países do mundo, especialmente no século XX.

De um modo mais geral, a introdução de uma ideia de polícia não se resumiu a uma tarefa estrita de combate ao crime e manutenção da ordem. Compreendia uma multiplicidade de funções e permitia uma compreensão mais abrangente em termos de serviços. Intrinsecamente ligada à ideia de cidade (*polis*) e, portanto, a vários aspectos da administração do espaço urbano, relaciona-se a uma noção cultural, de melhoria das relações cívicas e da administração da coisa pública, de adaptação cultural à nova realidade urbana (como se revela no uso do termo "urbanidade" como denotação de "civilidade"). A palavra *polícia*, para a Polícia Metropolitana de Londres, significa, em geral, "os arranjos feitos pelos países civilizados para assegurar que seus habitantes mantenham a paz e obedeçam à Lei[4]." Segundo Francis Cotta, a função policial

> [...] também estava ligada ao tratamento decente, ao decoro, à urbanidade dos cidadãos (daqueles que moram na cidade), no falar, nas boas maneiras, na cortesia, no polimento; tinha em vista as comodidades: a limpeza, a iluminação e o abastecimento (de água e alimentos). Por fim, destacavam-se as atividades relacionadas à segurança e à vigilância (COTTA, 2006, p. 3).

A construção da legitimidade da força policial: profissionalismo e burocratização

A legitimação da força policial sempre foi um problema para as sociedades democráticas e ganhou contornos distintos

---

[4] Sítio da London Metropolitan Police. Disponível em: <http://www.met.police.uk>. Acesso em: 20 jun. 2006.

em diferentes países nos últimos dois séculos, segundo o modelo adotado. É ligada à aprovação pública dessas forças, como elemento central para o controle social exercido pelos estados modernos. Mas esse problema tornou-se crucial para os estados democráticos. Se considerarmos a democracia moderna baseada em mecanismos de produção de consensos e de responsabilização do poder público frente aos cidadãos, instala-se um problema básico, observado por Hermann Goldstein (2003, p. 13): "em uma sociedade livre, pela natureza estrita de suas funções, a polícia é uma anomalia", o que gera um paradoxo: "para manter o grau de ordem que torna possível uma sociedade livre, a democracia depende de maneira decisiva da força policial".

A questão da legitimação emerge com maior força no exame do caso britânico, dada a própria característica do modelo, comumente denominado de "policiamento por consenso". Sua implantação se deu sob cerrada resistência do público, contrariando inúmeros interesses políticos e mesmo filosóficos e, especialmente, a desconfiança das classes populares. Entretanto, após algumas décadas, já gozava de uma imagem favorável. Como observa Robert Reiner,

> [...] de uma instituição amplamente odiada e temida, a polícia passou a ser vista como a incorporação da autoridade impessoal, seguidora da lei, aplicando democraticamente a legislação aprovada, no interesse da maior parte da população e não de quaisquer interesses partidários, e mantendo-se estritamente dentro das exigências do devido processo legal (REINER, 2004, p. 97).

A construção dessa aceitação pública, a ponto de a polícia inglesa tornar-se símbolo de orgulho nacional, deveu-se a várias estratégias organizacionais. Entre outras coisas, o recurso à força mínima – em vez do uso de dispositivos letais – foi importante para garantir o apoio do público que resistia à polícia motivada pelo medo de opressão. Mas a organização burocrática e profissionalizada da polícia, como uma força em tempo integral formada por policiais profissionais, sob uma hierarquia centralizada e ordenada, com uma estrutura definida e objetiva de comando e de comunicações seria um fator comum aos vários modelos que, em contraste com os antigos sistemas comunais de patrulhamento e vigilância e com as forças temporárias – empresariais ou voluntárias, garantiria a visão de que os sistemas modernos de polícia eram melhores e mais eficazes e, portanto, merecedores de confiança. Todas as forças policiais irão assumir a função de controle social e coercitivo exercido por especialistas em conflitos e desvios da ordem industrial e urbana e, na maioria dos países, passou a prevalecer um modelo institucional "quase militar" de policiamento e a configuração da polícia como instituição burocrática "legal-racional" complexa (HUGGINS, 1998; BEATO FILHO, 1999; MONKKONEN, 2003; MOORE, 2003; REINER, 2004).

Assim, a polícia baseia a conquista de sua legitimidade em seu próprio profissionalismo, correspondendo a uma progressiva mudança de enfoque do controle da ordem pública para o controle do crime e no aperfeiçoamento de um modelo organizacional profissional-burocrático. Se o modelo profissional enfatiza a técnica e a eficiência operacional, ao lado da burocratização garantirá a neutralização das pressões cívicas do ponto de vista do regime administrativo e a neutralidade política e a confiabilidade legal da polícia, ao desenvolver um sistema hierárquico de comando e controle (BORDUA; REISS JR., 1966; REISS JR., 2003). Construído para isolar a administração policial de influências externas, principalmente as influências político-partidárias, representará uma clara tentativa de demarcação entre a política em geral e as tarefas de policiamento. Para Goldstein (2003, p. 28), o modelo que emergiu "tem sido uma organização neutra e estéril, destituída de um compromisso claro com qualquer outro valor a não ser trabalhar com eficiência". Vários autores entendem que tal neutralidade é artificial, pois dissimula o policiamento como atividade política e leva a crer que a ação policial se limita a fazer cumprir regras impessoais. Mas mesmo que tenda a aparecer como neutra com respeito às políticas de governo, não pode se desprender do jogo político e dos conflitos aí envolvidos, tendendo a atuar como reforço da estrutura de poder vigente (HUGGINS, 1998; PINHEIRO, 1998).

A tentativa de estabelecer uma demarcação entre as atividades policiais e o exercício da política instaura, no entanto, uma tensão permanente entre a sua autonomia e a sua responsabilização, que se reflete na legitimidade da força policial em países democráticos. Como afirma Mark Moore (2003, p. 133), a legitimidade baseada no profissionalismo "tornou a polícia responsável apenas por ela mesma e por mais ninguém – o que, num governo democrático, é sempre uma posição suspeita". De modo geral, as forças policiais tornaram-se refratárias ao controle externo, invocando sempre os princípios da autonomia e da independência profissional.

Outra consequência importante do processo de burocratização foi o isolamento da polícia em relação às comunidades a que serve. Essa forma hegemônica de policiamento, que alcançou progressivamente um caráter altamente técnico e impessoal, teve dois efeitos importantes: (a) o comprometimento dos membros da força policial com uma organização profissional, com uma comunidade ocupacional e com normas de subordinação e de serviço de tal forma que esses compromissos – corporativos – passam a ter precedência sobre os compromissos com a comunidade (BORDUA; REISS JR., 1966) e (b) a quebra de uma rede de relações entre a polícia localmente organizada e a comunidade a que servia (GOLDSTEIN, 2003).[5]

A lenta construção da aprovação pública

Os mecanismos adotados pelas forças policiais em geral para alcançar legitimidade através da profissionalização e da

---

[5] A altíssima profissionalização com a implantação de um modelo de atendimento rápido e centralizado aos chamados bem como o menor contato dos policiais de patrulhas motorizadas com a população em geral são vistos como fatores importantes que causam o maior isolamento do cotidiano das comunidades (REISS JR., 2003), o que acaba por se refletir no grau de confiança dos cidadãos na polícia.

burocratização foram, por muito tempo, bem-sucedidos. Mas esse processo foi lento e progressivo. Na maioria dos casos, somente nas primeiras décadas do século XX seria possível falar de um sistema consolidado e com bom grau de aprovação pública. No caso da polícia inglesa, evidencia-se um grande esforço de relações públicas a partir da primeira década do século XX (nos Estados Unidos a partir dos anos 1920). Registra-se que, na década de 1950, a polícia inglesa tinha "obtido a aprovação sincera da maioria da população e aceitação de fato da legitimidade da instituição" (REINER, 2004, p. 85). Evidentemente, mesmo com todo esse sucesso, as contradições do sistema policial e suas relações com a sociedade persistiam. Mas às esporádicas crises de confiança as forças policiais, em geral, respondiam com apelos ainda maiores à eficiência do uso das novas tecnologias e apelos inspirados na eficiência técnica.

Também foi uma importante contribuição para o crescimento da legitimidade policial a relação cada vez mais estreita entre a polícia e os meios de comunicação de massa, desde o século XIX. A apresentação tanto factual como ficcional da polícia nos meios de comunicação foi importante fonte de legitimação do seu papel, não apenas por mostrá-la necessária, mas também eficaz na maioria das vezes. Para uma grande camada na ponta mais alta da escala social os contatos diretos com a polícia foram se tornando limitados. Pode-se dizer que a mídia passou a ser a principal fonte das percepções e das preferências desses segmentos quanto ao trabalho policial. Para Robert Reiner (2004, p. 235), "a culminação do longo processo de legitimação da polícia levou à 'Idade de Ouro' da reportagem criminal, assim como à ficção da polícia consensual dos anos 1940 e 1950", o que se torna visível na cobertura policial da imprensa, na literatura e no cinema policiais. Verifica-se a construção de uma relação "simbiótica" entre polícia e mídia, em que notícias, programas de rádio e de televisão passam a ser úteis à polícia, quer como estratégias de relações públicas – para proteger a imagem e a reputação pública das agências policiais e promover seus interesses –, quer para auxiliar nas suas tarefas de prender criminosos (CHIBNALL, 1977; SCHLESINGER; TUMBER, 1993; ERICSON, 1995a, b).

Repolitização: a polícia em questão

Os pesos das contradições nos quais sempre estiveram imersas as agências policiais nos países democráticos começaram, no entanto, a ser sentidos com mais intensidade a partir da segunda metade do século XX, com uma evidente perda de confiança do público na polícia. Há uma percepção comum de que "o contrato tácito entre a polícia e o público" começa a se desgastar (REINER, 2004, p. 98) e de que a rápida mudança nos valores e nos costumes, ao lado de uma grande agitação política, começava a gerar novas demandas sobre as agências policiais (GOLDSTEIN, 2003). No contexto dos anos 1960, com a emergência da contracultura e o incremento das grandes correntes de mobilização pacifista e feminista, não é difícil localizar as várias fontes de pressão externa sobre a polícia, entre as quais se destacam: (a) a pressão dos novos grupos sociais emergentes; (b) o papel dos pesquisadores.

(a) *A pressão dos novos grupos sociais emergentes:* O crescimento agudo da discordância política na década de 1960, nas sociedades democráticas, colocou a polícia em contato com vários públicos com os quais raramente tinha relacionamento direto, especialmente da classe média, que passa a se envolver ativamente em protestos políticos. Se os conflitos da polícia com populações marginalizadas sempre aconteceram, desta vez os embates passam a ser com grupos da população mais educados e articulados, claramente influentes junto à opinião pública,[6] o que transforma a questão do policiamento em eminentemente política (GOLDSTEIN, 2003; REINER, 2004), principalmente na Europa Ocidental e nos Estados Unidos. Ao lado disso, o crescimento das ideias de direitos humanos no

---

[6] Robert Reiner (2004, p. 127) observa que a chave para compreender a mudança no debate político está numa mudança cultural de longo prazo na classe média articulada, formadora de opinião. Analisando o caso britânico, observa que "a polícia perdeu a confiança de certos setores, pequenos porém cruciais, das articuladas e influentes 'classes falantes', que podem ser descritas, de forma geral, como o círculo de leitores do *The Guardian* ou do *Independent*", num processo que gerou "um abismo com alguns formadores de opinião, da classe média culta".

pós-guerra exercerá importante papel como força motriz dos grandes movimentos reivindicatórios. Portanto, às evidências de uma mudança na sensibilidade dos públicos corresponderá uma menor tolerância quanto a comportamentos de policiais considerados inadequados e fará surgir uma demanda de adequação desses valores à atuação das agências policiais.

(b) *O papel dos pesquisadores:* O meio acadêmico foi outro elemento importante na repolitização da polícia. O processo de profissionalização das forças policiais foi acompanhado de perto de um grande volume de estudos e pesquisas, inclusive para o próprio desenvolvimento tecnológico das atividades de policiamento. Entretanto, pelo menos desde a década de 1940, houve forte incremento na realização de estudos empíricos, tanto sobre a criminalidade quanto sobre as organizações policiais e todo o sistema de justiça criminal, na Europa e nos Estados Unidos. De um lado, os estudos sobre as próprias operações policiais, com intensa produção de dados, lançam severos questionamentos sobre a sua eficiência, bem como sobre o seu alto poder discricionário. De outro, os resultados ajudam a evidenciar os abusos policiais e reforçar os argumentos dos grupos e movimentos sociais emergentes, com base nos princípios de direitos humanos.

Nota-se que a ação de ambos os grupos se interpenetra, assim como foram constituídos estreitos laços entre eles e os atores políticos, as agências governamentais e as organizações não governamentais. Todo esse movimento teve também estreita ligação com a mídia. Nessa "politização renovada", a lei e a ordem se transformaram em temas públicos importantes e de ampla repercussão, que se refletiram nas notícias (que, de forma reflexiva, estimularam ainda mais o debate) e até mesmo na mídia ficcional (REINER, 2004). Num mundo mais turbulento e desordenado, com grande diversificação cultural e pluralismo de valores, torna-se anacrônica a concepção de uma corporação que simboliza ordem e harmonia, com mandato "para todos" (REINER, 2004, p. 303). Para Herman Goldstein (2003, p. 72), "as melhorias na educação e na comunicação resultaram em um público melhor informado, que passou a questionar coisas antes tidas como definitivas". Esse processo gerou pelo menos três grandes pontos críticos que põem em risco a confiança do público e a própria legitimidade da polícia nos termos em que vinha sendo construída: (a) o questionamento das funções e das capacidades da polícia; (b) o questionamento do poder da polícia; e (c) o questionamento da responsabilização da polícia.

(a) *Questionamento das funções e da capacidade da polícia:* O afunilamento da polícia nas funções de combate ao crime colocou em primeiro plano suas atividades de cunho repressivo e sua participação no sistema de justiça criminal. Isso criou uma mistificação de seu trabalho, relegando ao segundo plano uma série de outras atividades rotineiras, assistenciais e de manutenção da ordem, nas quais os policiais costumam estar envolvidos (BEATO FILHO, 1999) e especialmente as práticas de cunho preventivo.

As razões do esgotamento do modelo repressivo transcendem, entretanto, o problema do aumento dos índices de violência e a dificuldade das agências policiais em resolvê-lo. Deve-se também considerar que a prática repressiva baseia-se num atendimento preferencial às demandas mais graves, quando, para a ação preventiva, a atenção às demandas menos graves são mais necessárias, por ser potencialmente precursoras de crimes. Ao não levar em conta – e muitas vezes desvalorizar – o próprio trabalho preventivo, a polícia tende a não considerar os aspectos locais e singulares nem a satisfação das comunidades. Uma desconfiança na polícia e nos resultados de sua ação, por vezes faz com que os indivíduos busquem soluções próprias (seja mobilizando os recursos da própria comunidade, seja utilizando de segurança privada) (SOUZA, 2003, p. 69-74). Isso significa que, mesmo reconhecendo a importância da investigação e do patrulhamento no cotidiano das comunidades, esses procedimentos têm um limite, a partir do qual sua ampliação, se não impossível, torna-se inócua.

A profusão de dados e análises acadêmicas, bem como informações que circulam nos meios de comunicação que as repercutem e dão conta do aumento dos índices de violência e criminalidade, fomentam um intenso debate público sobre o policiamento e as questões de segurança pública nas últimas décadas. Com isso, deterioram as ilusões sobre a capacidade da polícia, uma vez que a validade das promessas tradicionais pode ser severamente questionada, tanto pelos policiais quanto pelo público. Torna-se, então, evidente o isolamento social da polícia, com repercussão negativa sobre a legitimidade das próprias agências policiais, forçando a necessidade de reposicionamento de suas próprias funções.

(b) *Questionamento do poder da polícia:* Apesar de um "isolamento" e uma "desconfiança" em relação a grupos centrais na sociedade e, especialmente, em relação à polícia, esse baixo poder institucional contrasta com a percepção de um alto poder discricionário frente à sua clientela, ao conduzir suas múltiplas funções (PAIXÃO, 1982, p. 64). Esse poder foi paulatinamente desvelado pela ampla circulação de estudos acadêmicos, com especial influência das pesquisas sobre criminalidade voltadas para a construção social do crime. Também conhecidas como "teorias da rotulagem", trouxeram à luz o papel decisivo da polícia no complexo jogo de interações que configura o que é considerado ou não um crime (LEMERT, 1954; BECKER, 1977; MATSUEDA, 1992).[7]

A decisão discricionária é originada no microcosmo dos encontros e das transações entre os funcionários da polícia e os cidadãos, o que gera todos os casos de processos no sistema de justiça criminal – a polícia media entre a comunidade e o sistema legal nas suas transações com os cidadãos, indiferentemente da vontade dos cidadãos de ser policiados (REISS JR., 1971).[8] Assim, "o significado da lei e da ordem é

---

[7] Estas teorias, desenvolvidas a partir da década de 1950, vinculam-se à corrente do interacionismo simbólico.

[8] Albert Reiss Jr. realizou nos anos de 1965 e 1966 uma ampla pesquisa para avaliar o comportamento e as decisões tanto dos cidadãos quanto dos policiais, observando e gravando sistematicamente os encontros a partir de mobilizações da polícia para atender ocorrências.

determinado nos encontros rotineiros e cotidianos do policial e sua clientela nas ruas" (PAIXÃO, 1982, p. 65). Estudos empíricos realizados sobre o exercício desse poder denotaram a tensão entre burocracia e profissionalismo, estrutura formal e atividades práticas, controle e autonomia. Desafiam, portanto, o modelo burocrático (e "despolitizado") de organização e de legitimação em pontos cruciais. Segundo Antônio Paixão, o policial enfrenta em seu cotidiano situações ambíguas que não podem ser decididas por planejamento prévio, e o modelo discricionário da organização policial faz com que se desloque da estrutura formal burocrática para a realidade do senso comum do trabalho policial:

> Ao impor o seu modelo de ordem na periferia social, o policial se vê desempenhando um papel político: a "linha de frente" da polícia é também a "linha de frente" do Estado. Mas a relação entre a polícia e o Estado é ambígua – a mesma ordem estatal que a polícia representa e suporta limita seu poder através da legislação (PAIXÃO, 1982, p. 82).[9]

A questão do poder da polícia toca também em outro ponto que se torna particularmente sensível nos países democráticos: a própria mudança na concepção de Estado e dos arranjos institucionais necessários à manutenção de uma ordem democrática. A construção democrática das últimas décadas vem consolidando um modelo de relacionamento entre o Estado e a sociedade marcado por uma significativa ampliação do conceito de cidadania – que passou a incluir vastos contingentes antes excluídos de possibilidades de participação nas questões públicas – e pela crescente mobilização dos cidadãos no sentido de buscar exercer influência sobre o sistema político que vai além da escolha de representantes. Esse modelo – essencialmente participativo – pressupõe, de um lado, a construção de instituições democráticas e,

---

[9] O autor realizou em 1980 a pesquisa "Criminalidade e Violência Urbana" analisando empiricamente a estrutura e a prática da Polícia Civil de Minas Gerais.

de outro, uma incorporação de valores democráticos nas práticas cotidianas (AVRITZER, 1994; FUNG, 2004a). A ideia de uma sociedade civil organizada, com poder de inserção no debate público e de participar das esferas de deliberação forma a base de um modelo de cidadania em que os mais diversos problemas publicamente tematizados precisam ser encarados como problemas de responsabilidade compartilhada. As exigências intrínsecas de um formato democrático participativo e a ampliação das noções de direitos humanos e cidadania têm impulsionado o poder público como um todo à inovação institucional em todas as suas áreas – no sentido de abrir oportunidades e fóruns institucionalizados para a participação da sociedade civil. Podemos observar que essa demanda se estende também a um setor de atuação típica, forte e central para o Estado, como os órgãos de segurança pública – em especial a polícia.

(c) *Questionamento da responsabilização da polícia*: O processo de posicionamento das questões de policiamento como tema de discussão pública pôs novamente em primeiro plano o problema da *accountability* da organização policial. Na verdade, essa é uma questão que nunca esteve ausente e sempre foi ligada às discussões mais amplas sobre a qual esfera a força policial deveria responder. Desde a instituição da polícia moderna, o problema de torná-la autônoma em relação às variáveis de poder da cidade e, portanto, menos suscetível ao poder de mando dos políticos impôs o problema de responsabilização. É claro que esse problema se tornaria ainda mais agudo diante da extrema profissionalização e burocratização da polícia, que, como já apontado, passa a responder apenas a si mesma sobre os seus atos. Mas é nas últimas décadas que esse problema tomará uma nova dimensão, tornando-se um ponto crucial nos países democráticos, já que se vê "frente ao aumento das exigências de responsabilização adequada para a eficácia e legitimidade no desempenho de suas funções tradicionais" (REINER, 2004, p. 281).

Em geral, a *accountability* da polícia é pensada nas dimensões interna e externa, relacionadas aos mecanismos de controle de suas atividades. O aumento progressivo da crise de confiança tem colocado a instituição policial sob constante escrutínio público, seja nas sociedades democráticas mais maduras, seja nas mais novas. A polícia sente-se pressionada constantemente não apenas para a repressão à criminalidade, mas também para mudar sua conduta de modo a ser mais sensível às demandas de proteção e garantia de direitos humanos, além de melhorar a qualidade de todos os seus serviços. Por isso, sente-se diante da necessidade de "criar mecanismos práticos para que os cidadãos fiscalizem e influenciem rotineiramente a conduta dos policiais, inclusive a maneira como a polícia exerce seus poderes" (PHILLIPS; TRONE, 2003, p. 31).

Os debates sobre o controle externo ganham corpo à medida que denúncias de corrupção e abuso policial vêm à tona com maior frequência. Em países democráticos, observa-se um simultâneo decréscimo, nos anos 1990, dos índices de confiança na instituição policial e na sua avaliação pública, não apenas por ter sido abalada por seguidos escândalos e pela revelação de graves erros judiciais, como também pela visível demonstração de que se tornou menos capaz de proteger as pessoas da vitimização criminal, com os índices significativamente crescentes de violência. Mas o desafio de instituir mecanismos de responsabilização de fato eficazes está também em conjugar os esforços de controle interno e externo, afetando as práticas policiais. A *accountability* externa deve simbolizar a subordinação da polícia à lei e a democracia ao mesmo tempo em que assegure que os processos disciplinares e administrativos internos possam operar eficazmente (REINER, 2004). Esse é, portanto, um ponto ainda carente de muitas definições e da produção de novos consensos. Mas, no contexto de uma política de universalização e de garantia de direitos, cresce a noção de que a polícia não deveria ser mero instrumento de controle da criminalidade, mas deveria exercer sua função de manutenção da paz pública nos moldes de um Estado de Direito e responder à sociedade sobre as suas práticas.

O apelo à mudança institucional e as respostas da polícia

A recente politização do policiamento tem provocado, desde os anos 1960, uma série de iniciativas de reformas nas forças policiais dos mais diversos países. A complexidade do problema que afeta a credibilidade e a legitimação da polícia requer estratégias múltiplas e complexas que possam a um só tempo remodelar o próprio sistema de justiça criminal, oferecer alternativas às operações cotidianas da polícia, propiciar um contato mais próximo com a população, relacionar-se com a mídia de modo produtivo e mais transparente, alcançar não apenas uma responsabilização política ampla mas também o controle estrito das condutas policiais. Cresce a ideia de que a questão da segurança pública não pode ser reduzida à resposta ao fato delituoso nem reduzir o objetivo de uma política de segurança apenas à ordem nas ruas – o que somente tende à restrição dos direitos dos cidadãos. Assim, as mudanças requerem não apenas esforços dos administradores, mas a atuação sinérgica com outras forças na própria instituição policial e nas comunidades.

As cíclicas e reiteradas retomadas do debate nos momentos mais críticos manifestam, a cada vez, uma "ênfase renovada na necessidade de consentimento público" (REINER, 2004, p. 287). As respostas mais conservadoras caminharam na direção do policiamento orientado explicitamente para controle do crime, remodelando a organização policial segundo um modelo gerencial do tipo "empresarial". Outras iniciativas buscam romper o isolamento entre a polícia e os públicos, introduzindo novos valores ao policiamento e aumentando a sensibilidade da polícia quanto à delicada natureza das suas múltiplas funções. Duas vertentes estratégicas importantes surgem nesse cenário: (a) o *policiamento orientado à solução de problemas*; e (b) o *policiamento comunitário*. Como nota Mark Moore (2003), não é simples enquadrar essas iniciativas em categorias bem definidas, que ora se apresentam como programas operacionais, ora como filosofias (ou doutrinas) mais amplas. Mas são, com certeza, novas estratégias organizacionais que buscam redefinir a missão, os principais métodos de operação e os arranjos administrativos mais importantes da polícia: "Procuram redefinir os objetivos gerais de policiamento, alterar os principais programas operacionais e as tecnologias nas quais a polícia tem se baseado e encontrar a legitimidade e a popularidade do policiamento em novas bases" (Moore, 2003, p. 120).

A proposta de *policiamento orientado para a solução de problemas* parte da compreensão do esgotamento do formato que centra a estratégia policial no incidente (o fato criminoso), tendo em vista a sua pouca eficácia para preveni-lo. A proposta de que a polícia se torne orientada para solucionar problemas, em vez de atender incidentes demanda o desenvolvimento de uma habilidade para compreender os fatores que favorecem a ocorrência dos fatos delituosos, analisando as situações em que ocorrem e os problemas sociais numa comunidade, de modo mais amplo. Isso significa identificar, no âmbito de cada localidade, os problemas que têm potencial para se tornar mais sérios para o cidadão e para a própria comunidade. Nessa perspectiva, o papel da polícia é de, "em conjunto com as comunidades, identificar problemas que necessitam da colaboração de outras agências, para então mobilizá-las e coordenar os seus esforços na resolução desses problemas" (Freitas, 2003, p. 20). A noção de problema comporta o conjunto de situações, circunstâncias e condições não resolvidas que podem originar medo, alarme ou ameaça a uma comunidade local, chegando a se transformar em crime, caso não sejam adotadas comunitariamente as medidas necessárias ao seu enfrentamento (Cerqueira, 2001; Goldstein, 2003). Com essa metodologia, busca-se trazer à consideração a visão especializada da polícia, de tal forma que a busca conjunta de soluções possa ser iluminada por uma "busca sistemática e analítica das informações indispensáveis ao perfeito entendimento das situações que dão origem, direta ou indiretamente, aos incidentes que a polícia ostensiva atende no cotidiano operacional" (SOUZA, 2003, p. 88). Isso implica uma habilidade para "trabalhar com outras pessoas para encontrar as soluções, escolher os enfoques mais viáveis e de menor custo, advogar vigorosamente a adoção de programas desejados e monitorar os resultados dos esforços de cooperação" (SKOLNICK; BAYLEY, 2002, p. 37).

Por sua vez, a proposta do chamado *policiamento comunitário* tem como substrato uma corrente teórico-doutrinária, que se manifestava desde o período do pós-guerra na Europa e nos Estados Unidos. Diversos autores destacam como precursoras experiências norte-americanas das décadas de 1960 e 1970,[10] que tinham como objetivos obter a confiança da população na polícia e, através da cooperação das comunidades, prevenir as oportunidades para que os crimes fossem cometidos, onde a função do policiamento não fosse apenas de combater o crime, mas também "reduzir o medo, restaurar a civilidade nos espaços públicos e garantir direitos democráticos dos cidadãos" (MOORE, 2003, p. 148). Isso implica "que a polícia sirva à comunidade, aprenda com ela e seja responsável por ela" (SKOLNICK; BAYLEY, 2002, p. 225), através de uma participação do público no planejamento e supervisão das operações policiais, na crença de que uma resposta ideal à questão da segurança pública esteja atenta ao conjunto de soluções locais.

Essa proposta é movida por, pelo menos, duas grandes ideias-força: (a) em várias localidades, grupos comunitários começaram a desempenhar um papel mais ativo para ampliar a necessidade de um senso de responsabilidade social no combate ao crime, ou seja, de uma noção de que o público pode ser "co-produtor da segurança e da ordem,

---

[10] Como Skolnick e Bayley (2002).

juntamente com a polícia" (SKOLNICK; BAYLEY, 2002, p. 18); (b) a implementação de mecanismos participativos de resolução de conflitos é um mecanismo eficaz para responder tanto à necessidade de abordar tais conflitos de maneira democrática e pacífica quanto "para promover a reconstrução de vínculos sociais que a exclusão econômica e social deterioraram" (PALMIERI, 2003, p. 27).

Embora os programas de policiamento orientados para a solução de problemas e comunitários componham inicialmente duas matrizes que permitem diferenciar as duas propostas, Goldstein (2003, p. 90) advertiria que "qualquer coisa que a polícia faça na tentativa de controlar os crimes graves, ela deve reconhecer que muito de seus esforços dependem da cooperação e participação dos cidadãos". Ambas as propostas se sobrepõem em grande parte, como observa Mark Moore:

> [...] quase naturalmente, um compromisso com a solução de problemas leva à invenção de soluções que envolvem uma comunidade maior. Além disso, [...] muitos departamentos que se comprometeram com a solução de problemas têm desenvolvido mecanismos para consultar as comunidades locais, para descobrir quais são os problemas do ponto de vista das comunidades (MOORE, 2003, p. 142).

Analisando algumas iniciativas que buscavam, ainda na década de 1960, responder aos problemas enfrentados pela instituição policial, Goldstein percebe uma clara tendência comum a essas propostas para que a polícia desenvolvesse respostas mais humanitárias para solucionar os problemas para as quais era chamada, procurassem estreitar relações com a comunidade, através de programas para facilitar a comunicação entre policiais e os moradores das áreas que eles patrulhavam. Algumas das corporações buscaram também ampliar o seu quadro de recrutamento para incluir grupos minoritários e, em geral, buscaram eliminar práticas que pudessem ser ofensivas e, sob o ponto de vista da assistência, providenciar maior ajuda aos cidadãos que solicitassem auxílio policial. Mas ressalva que boa parte dos programas de relacionamento polícia-comunidade, não obstante seu claro propósito de possibilitar a criação de uma via de mão dupla de comunicação com a comunidade, tendiam a se tornar apenas um "projeto de relações públicas", sem que significasse também uma alteração substantiva nos arranjos institucionais mais importantes da polícia (GOLDSTEIN, 2003).

Polícia Comunitária como um problema de relações públicas

Nosso entendimento da atividade de Relações Públicas insere-se num contexto em que a complexidade e a multiplicidade das relações comunicativas que se estabelecem com os mais variados públicos constituem um fator preponderante não apenas para o sucesso das organizações num ambiente altamente competitivo, mas indispensável para garantir, através da compreensão mútua, a legitimidade para sua própria existência. A forma de alcançar a legitimidade envolve posicionar publicamente a organização, muito além da sua própria visibilidade: significa construir um conceito público dessa organização, através de uma imagem que projete os valores com os quais espera ser reconhecida. Espera-se que tal conceito público seja capaz de dar-lhe aprovação, credibilidade e reputação. Através da reputação, mais do que a boa vontade dos públicos em relação a ela, objetiva alcançar o estabelecimento de vínculos de confiança que permitam negociar sentidos com os públicos e assegurar cooperação em relação a fins almejados em comum.

As características organizacionais peculiares das agências policiais, entre as quais se destaca seu caráter rígido e fortemente corporativo, pouco transparente e historicamente pouco sensível às demandas cívicas de proteção, evidenciam algumas dificuldades e alguns obstáculos no seu relacionamento público. Assim, um processo de mudança organizacional orientado para a filosofia comunitária demanda mudanças profundas em relação ao seu *modus operandi*, no sentido de torná-lo público, mais transparente e menos resistente ao controle externo. O processo de mudança em si requer que a organização enfrente o desafio de lidar com uma imagem pública contraditória que, por um lado, pode inspirar confiança e sentimento de proteção e, por outro, o medo, dado o acúmulo histórico de abusos do poder policial.

A proposta de polícia comunitária é explícita no sentido de criar oportunidades para "escuta da população", para discussão e diagnóstico conjunto dos problemas que podem afetar uma comunidade e para a formulação conjunta de estratégias de ação. O estímulo à constituição de conselhos comunitários pode ser visto como uma estratégia de relacionamento que busca cumprir essas três funções. É descrita amplamente na literatura como uma forma de criar vínculos de confiança da população com as agências policiais – e aí são depositadas as esperanças de que, a partir desses vínculos, seja possível, através da cooperação, aumentar a sensação de segurança e gerar um sistema de proteção corresponsável numa dada localidade. Por outro lado, a própria instalação de uma prática de polícia comunitária necessita desses vínculos de confiança para existir. Essa reflexividade faz com que ao mesmo tempo a polícia comunitária seja ela própria uma estratégia de relacionamento com os públicos – sob o ponto de vista organizacional e dependa de uma composição de outras formas e ações de comunicação que auxiliem na promoção dos vínculos de confiança indispensáveis ao seu sucesso.

A Diretriz n° 04/2002-CG, que dispõe sobre a filosofia de polícia comunitária na Polícia Militar de Minas Gerais, por exemplo, no item relativo à organização comunitária enuncia que "a comunicação intensa e constante propicia a melhora das relações, amplia a percepção policial e da comunidade no que tange às questões sociais e possibilita diminuir áreas de conflito que exigem ações de caráter repressivo das instituições policiais". Também coloca como sendo o maior desafio para a consecução dos objetivos da polícia comunitária "motivar e sustentar a participação do público" (MINAS GERAIS, 2002c, p. 12). A esse desafio, acrescentaríamos dois grandes problemas:

(a) *Imagem deteriorada da polícia:* É amplamente aceito que, regra geral, no mundo todo, os projetos de polícia comunitária emergiram por causa da deterioração da imagem da polícia diante da população, o que mina a confiança na sua atuação. A questão da imagem pública da polícia deve ser vista como extremamente complexa. Uma vez que uma filosofia preventiva não pode significar o abandono de seu poder repressivo, haverá sempre uma tensão entre temê-la (o que se insere na própria lógica de controle social) e cooperar com ela (na expectativa do resultado de uma prestação pública de serviços). Pesquisas internacionais e nacionais já realizadas na década de 1990 e início da década de 2000 não permitem ainda evidenciar uma diminuição efetiva dos índices de criminalidade nos locais onde a experiência comunitária se instalou. Entretanto, todas demonstram aumento significativo nos indicadores de satisfação e de confiança na polícia (ILANUD, 2002).

(b) *Mudança na cultura interna da corporação:* A prática do novo modelo implica necessariamente uma mudança significativa na própria cultura organizacional das polícias, principalmente as militares. Nelas esse é um ponto de resistência para o qual o estabelecimento de uma boa comunicação interna é fundamental, aliado às políticas de formação e capacitação. A Diretriz do Comando-Geral da PMMG, por exemplo, alude às características dos gerentes policiais no novo formato: "empreendedorismo, conhecimento dos objetivos estratégicos da organização policial, credibilidade interna e externa e cumplicidade com os valores institucionais" (MINAS GERAIS, 2002c, p. 12). Outra diretriz é explícita ao se referir à necessidade de consolidar novos valores na cultura da corporação, quando se refere ao que chama de "envolvimento intrínseco":

> Mobilizar a comunidade é ação que exige da instituição, no aspecto interno, consolidar na sua cultura organizacional

valores, práticas e habilidades essenciais à relação policial-militar e comunidade, como capacidade de dialogar e inteligência para negociar diante de várias frentes de opinião e fazer surgir, de reuniões comunitárias, soluções benéficas à coletividade (MINAS GERAIS, 2002d, p. 7).

Sendo assim, consideramos que a adoção dos princípios de polícia comunitária é problema de relações públicas na medida em que a Polícia Militar necessita estabelecer políticas de comunicação com seus públicos (interno e externos) coerentemente com esses princípios. Dentro disso, a constituição de conselhos comunitários é uma estratégia de mobilização social (HENRIQUES *et al.*, 2004; TORO, 2005), na medida em que pretende arregimentar os esforços de toda a comunidade para a ação coletiva em torno do problema da segurança pública, gerando um diálogo entre Estado e cidadãos e instaurando uma possibilidade concreta de cooperação. A própria Polícia Militar de Minas Gerais reconhece isso em documento oficial em que define a mobilização comunitária ou social como o ato de "convocar vontades para atuar na busca de um propósito comum, sob uma interpretação e um sentido também compartilhado. [...] Não se confunde com propaganda ou divulgação, mas exige ações de comunicação no sentido amplo, enquanto processo de compartilhamento de discurso, visões e informações" (MINAS GERAIS, 2005d, p. 7). Esse conceito, extraído de Toro e Werneck (2004, p. 32), estabelece clara ligação entre o processo de mobilização e as estratégias de comunicação.

A introdução de programas de polícia comunitária, além de demandar conjunto de ações de comunicação com o público interno das agências policiais e com todo o sistema de segurança pública, requer ações em dois âmbitos interdependentes: a visibilidade massiva (com os públicos mais amplos) e a geração de ambientes de cooperação e interlocução em localidades delimitadas (com os *públicos locais*). Na primeira dimensão, é evidente que a implantação da filosofia de polícia comunitária requer um esforço de visibilidade massiva para levar ao conhecimento da população a nova orientação preventiva e buscar posicionar os temas ligados à segurança pública como questão coletiva. Alguns momentos de visibilidade dados a ações preventivas e a presença mais constante na mídia de agentes policiais capazes de reproduzir o discurso de base relativo aos direitos humanos e à polícia comunitária são evidências de uma postura diferenciada de algumas polícias, nos últimos anos.

No que se refere ao relacionamento com os públicos locais, os desafios de estabelecer a relação efetiva entre polícia e população são estimular a mobilização local dos cidadãos e ver o público denominado "comunidade" como diverso, heterogêneo e portador de múltiplas razões e múltiplos valores (e, consequentemente, com variados entendimentos sobre a questão da segurança pública). Entretanto, a referência à comunidade não pode ser tomada apenas como dado operacional. Na verdade existem múltiplas questões que perpassam a vida de uma comunidade territorialmente delimitada, ligada à existência de inúmeros movimentos que, na sociedade, formam diversas redes informais e formais correlacionadas ao tema da segurança pública, como os de direitos humanos, contra a violência, etc. Esses movimentos articulados perpassam múltiplos territórios, simultaneamente. Mesmo que se tenha uma base territorial de ação, é preciso compreender esse território como permeável, pensando nas questões que extravasam esse âmbito.

Neste livro, sem perder de vista a dimensão das estratégias amplas de visibilidade, indispensáveis para o suporte à mobilização local, vamos nos concentrar na compreensão da comunicação no âmbito local, de forma a possibilitar a efetiva conversação com os públicos locais. Esse aspecto, sob o ponto de vista institucional, exige arranjos inovadores para se concretizar, demanda, em consequência, atenção a uma comunicação pública – às formas pelas quais se dá o relacionamento público entre polícia e cidadãos, nessa nova proposta.

CAPÍTULO II

Quais comunidades?

A polícia comunitária concebe uma mudança de paradigma em relação aos modelos de policiamento vigentes ao longo do século XX, buscando aproximar as agências policiais dos cidadãos a quem deve servir, tendo por base a cooperação desses cidadãos, de forma organizada, para prevenir crimes e diminuir as possibilidades de situações de violência. Mas o que significa exatamente o termo "comunitária"?

Essa questão não é tão simples de responder. Isso porque, em nosso senso comum, "comunidade" pode ter vários sentidos diferentes. É um termo corrente, trivial e, por isso, nem sempre nos detemos a pensar em todos os seus aspectos. Se sairmos do senso comum e passarmos ao conceito acadêmico, a situação continua sendo complicada, porque, mesmo nesse meio, há várias visões diferentes para explicar o que é comunidade. É essencial situar essa questão. Precisamos superar uma visão simplista e ingênua – por que não dizer, romântica – de comunidade, para podermos compreender sua dinâmica ou suas várias dinâmicas, o que é vital para a construção de valores democráticos e de cidadania que devem presidir não só o relacionamento entre o poder público e os cidadãos, mas também uma polícia mais voltada para uma interação mais próxima com o seu público.

Para compreender como se dão os processos de mobilização social contemporâneos, é importante conhecermos os movimentos e as formas organizativas da sociedade. Vamos discutir, então, esses variados conceitos e visões para pensar no que podemos considerar, na nossa organização social atual, como "comunidades". No decorrer desse caminho, poderemos perceber que trabalhar com comunidades nos grandes espaços urbanos e numa sociedade complexa significa lidar com várias contradições e enfrentar muitos dilemas.

Comunidade como conceito multidimensional

Nem precisamos dizer que é próprio da "comunidade" o compartilhamento de algo em comum. A questão é saber o que um grupo de pessoas tem em comum. Nós, seres humanos, temos sempre muitas características tanto semelhantes quanto diferentes. Qualquer coisa que tivermos em comum, independentemente do que ela seja, pode servir para que nos agrupemos em torno dela. Como somos interdependentes, necessitamos de vínculos grupais para sobreviver. Temos a necessidade imperiosa de agir coletivamente e, quanto mais coisas encontramos em comum com os demais, mais justificativas temos para nos agruparmos e mantermos os nossos vínculos.

Um sentido primordial ao qual recorremos quando pensamos em comunidade é o de um *lugar* no qual as pessoas compartilham alguma coisa. Esse é um sentido tradicional bastante forte, ainda mais quando pensamos em polícia comunitária, já que a tarefa de policiamento deve ser feita em um território. Quando pensamos em um pequeno povoado rural, onde as pessoas todas se conhecem e mantêm relações bem próximas, não hesitamos em classificar essa localidade como uma comunidade. O mesmo se dá em alguns aglomerados urbanos, vilas e favelas, onde a própria população por vezes se reconhece e se denomina de comunidade (e exalta suas virtudes comunitárias). Em geral, entende-se que formas de comunidade derivam basicamente do parentesco, da vizinhança e da amizade, baseadas em relações de sangue, sentimento e solidariedade (BELLEBAUM, 1995, p. 78).

Vista, então, com base no território, essa noção de comunidade tem como premissa a proximidade entre as pessoas. Apesar de todas as suas diferenças, elas estabelecem vínculos de vizinhança (e de parentesco), além de certa organização para produção comum, definindo um tipo de convivência peculiar reconhecível. Nesse sentido geográfico, a comunidade é vista como forma de vida local, que dá sentido ao que há de comum numa sociabilidade no nível da localidade – em contraposição ao da globalidade. Com frequência, essa concepção se associa ao lugar da moradia, onde as pessoas tendem a estabelecer suas relações mais estáveis e duradouras. Alguns sentidos estão intimamente relacionados a essa forma de ver as comunidades:

- *Identidade*: Comunidade como lugar onde se manifestam valores, hábitos e costumes de um agrupamento, o que se contrapõe à diversidade e à fragmentação da sociedade (TÖNNIES, 2002). Com isso, ela mantém característ icas de homogeneidade: tende a ser vista mais pela unidade que expressa; como um todo onde se identifica alguma característica em comum.

- Espontaneidade: Comunidade como lugar de demonstração das formas de sociabilidade mais espontâneas que estão enraizadas no cotidiano, em contraposição às relações contratuais formalmente institucionalizadas (TÖNNIES, 2002; MACIVER, 1920).

- Segurança: Comunidade como lugar de pertencimento, aconchego e segurança (BAUMAN, 2003, p. 9).

- Solidariedade: Comunidade como meio de sobrevivência de populações pobres ou excluídas frente à exploração e à escassez; o sentido de comunitário liga-se ao popular, denotando por vezes resistência e oposição ao modo de vida e de produção mais individualista e elitista.

- *Autopreservação:* Uma comunidade tende a guardar sua memória como forma de preservar as tradições que institui, criando, com isso, padrões identificáveis e mais duradouros.

- *Relações intersubjetivas diretas:* Nas comunidades, os sujeitos tendem a estabelecer relações mais diretas, dada a sua proximidade; tornam-se características as expressões orais como forma de comunicação direta.

A Sociologia não possui um conceito único para "comunidade". O sociólogo alemão Ferdinand Tönnies considerou a comunidade (*Gemeinschaft*) como um tipo de organização social distinto da sociedade (*Gesellschaft*), com base no tipo de relações entre os sujeitos em cada uma das duas formas. As relações comunais fundamentam-se na coesão dada pelos laços de parentesco e vizinhança, por fortes sentimentos de lealdade e pela conservação das tradições herdadas dos antepassados. Já nas sociedades, os sujeitos estabelecem relações que tendem a ser formalmente institucionalizadas; organizam sua vida coletiva com base numa complexa divisão de trabalho, típica dos tempos modernos, como consequência do desenvolvimento urbano-industrial. Tönnies associa a comunidade a uma vontade natural (*Wesenwille*), ou seja, a um modo de união baseado na motivação afetiva, mais espontâneo e orgânico, que se contrapõe à vontade racional (*Kürwille*) um modo de união com motivação objetiva, que tende a ser contratual e mecânico (TÖNNIES, 2002). Robert Maciver (1920, p. 105) a define como "Grupo de pessoas que vivem juntas, relacionam-se umas com as outras, de modo que compartilham não só esse como aquele interesse particular, mas todo um conjunto de interesses bastante amplos e completos para incluir suas vidas". Para Robert Nisbet (1977, p. 155) "a comunidade é a fusão do sentimento e do pensamento, da tradição e da ligação intencional, da participação e da volição".

Como podemos observar, o conceito de comunidade não se limita à localidade física que um grupo de pessoas ocupa, mas se refere principalmente a uma forma de vida, de convivência, de organização coletiva e de sociabilidade. Muitos estudiosos que analisam questões ligadas às formas de vida comunitária manifestam, no entanto, seu ceticismo quanto à sua permanência, já que a modernidade teria instalado um colapso das formas comunais, decretando o "fim da era da comunidade": a grande mobilidade e as comunicações rápidas e intensas tendem a gerar uma fragmentação social, a multiplicidade de formas de vida e convivência e a heterogeneidade dos atores sociais quebram a ideia de unidade contida originalmente no termo, o que torna mais difícil, senão impossível, o tipo de sociabilidade comunal (SCHMITZ, 1995; BELLEBAUM, 1995; BAUMAN, 2003). Nessas concepções, a noção de comunidade está estreitamente ligada à tradição, laços e valores de solidariedade ancestrais, que teriam sido perdidos com a emergência da sociedade burguesa e do modo de produção capitalista – essencialmente individualista, em que a produção não se estrutura mais pela cooperação estreita e livre entre os sujeitos. Mesmo que possamos identificar a ligação com o território como um sentido forte que define uma comunidade, podemos perceber que esse sentido não é único e vem sendo progressivamente desafiado pelas novas formas de organização da vida coletiva que são próprias do momento histórico atual.

Esse é um debate bem contemporâneo: para uns, a emergência de sociedades urbano-industriais na modernidade – que instaurou novas formas de divisão do trabalho, de organização política e de uma convivência que não se baseia mais necessariamente nos valores e nas lealdades tradicionais – fez desaparecer a comunidade. Para outros, o que vemos é uma composição, também bastante complexa, entre as formas de vida mais espontâneas, com ligações do tipo comunal identificáveis e as formas mais institucionalizadas de agrupamento e associação, gerando organizações de todo tipo.

Se olharmos bem para algumas localidades, podemos encontrar modos de vida e sociabilidade comunal, mas será que isso vale para todas as localidades e todos os agrupamentos? Certamente não. Temos hoje à nossa disposição possibilidades antes inimagináveis de conviver com muitos outros sujeitos que não habitam a mesma localidade, com os quais não compartilhamos o mesmo território e não temos proximidade física, graças ao desenvolvimento dos instrumentos de telecomunicação e às tecnologias da informação. Mais ainda: com o incremento formidável dos meios de transporte, ganhamos uma mobilidade tal que nos permite transitar com facilidade por vários territórios, por inúmeras localidades em curtos espaços de tempo. Por isso, para termos melhor ideia de como organizamos nossa vida coletiva atual, temos que compreender que o sentido tradicional de comunidade é desafiado no mundo moderno, exatamente em função das grandes mudanças em nossas formas de sociabilidade.

Mudança nas formas de sociabilidade e organização da vida coletiva: entre as comunidades tradicionais e as contemporâneas

Vamos imaginar a seguinte cena: uma pequena localidade do interior do Brasil no início do século XX. A um toque de sino e com a notícia correndo de boca em boca, visualize as pessoas se dirigindo a um ponto central determinado, já conhecido. Essa reunião prontamente identificava o que se costumou denominar "comunidade", ou seja, um grupo de pessoas em relação de vizinhança, que compartilhava, além do espaço, a produção, as tradições e os problemas surgidos nessa convivência. Dada a necessidade de ação coletiva, fosse para a solução de problemas num nível em que o âmbito individual mostrava-se insuficiente, fosse para a celebração conjunta de eventos ou rituais religiosos em espírito de comunhão, os sujeitos dispersos se moviam em convergência. Uma vez reunidos e identificados os propósitos do encontro, agiriam sob regras devidamente acordadas – as já estabelecidas pela própria tradição ou outras, demandadas pelo bom senso em relação às circunstâncias. Assim podemos, de forma simplificada, descrever o processo de mobilização coletiva nessa localidade.

Se agora pensarmos nessa localidade nos dias de hoje, será que encontraremos a mesma forma de organização e mobilização? É claro que ainda é possível reconhecer esse mesmo procedimento em lugares pequenos e/ou naqueles em que ainda se vive de uma maneira profundamente enraizada na tradição. E mesmo que sejam raros esses territórios, somos capazes de perceber os vestígios dessas formas, que já nos parecem arcaicas. Os sinos, afinal, ainda estão em seus lugares. Se muitos já emudeceram, outros ainda persistem em sua função comunicativa e nos permitem realizar uma exploração arqueológica reveladora da dinâmica de comunicação essencialmente oral, que combinava a relação direta face a face com esse instrumento de mediação, com seus códigos próprios.

A grande questão é que, embora esse esquema simples ainda possa ser identificado, podemos perceber que ele não corresponde ao desenho complexo das relações que se estabelecem nos espaços altamente urbanizados. Mesmo assim, ainda podemos indagar se até nas pequenas comunidades já não temos a presença de muitos elementos novos que tendem a ser incorporados a esse esquema transformando-o.

As características da vida moderna evidenciam e desafiam os elementos mais tradicionais da sociabilidade do tipo comunal. Podemos considerar que um desses elementos é exatamente o território. Para compreender como a vida moderna promoveu mudanças na nossa relação com o território, podemos observar a trajetória de povoados e cidades pequenas num período de menos de um século. Como vimos, a movimentação das pessoas em lugares assim se dava de modo *convergente*, demonstrando *centralidade* nessas localidades. Ainda hoje associamos frequentemente a centralidade das pequenas povoações, por exemplo, a uma igreja e seu entorno, que é o principal ponto de convergência das pessoas quando precisam agir coletivamente ou simplesmente se encontrar.

Mas as formas de mobilização estão ligadas não só às possibilidades de movimentação das pessoas na localidade, como também às formas que elas utilizam para a convocação desses encontros. Assim, ao longo do tempo, essas povoações saíram de uma condição em que seus recursos de comunicação e convocação eram bastante limitados – basicamente a comunicação face a face (de boca em boca) e instrumentos acústicos, como o sino – para outra, na qual houve uma enorme ampliação do alcance e da diversificação de linguagens. Não tardou que um instrumento eletrônico, o alto-falante, viesse adicionar uma nova dinâmica para informar e convocar, transcendendo os códigos limitados dos sinos.

Os alto-falantes ainda teriam, por um bom tempo, um papel semelhante ao dos sinos e não é por acaso que eles passaram a figurar obrigatoriamente no alto das torres das igrejas. Mas, com o passar do tempo, ganharam autonomia, fazendo circular as mensagens por vários cantos, através de carroças, jegues, carros, motocicletas e bicicletas sonorizadas. Eles ainda são muito comuns hoje em dia como meio de comunicação, transmitindo mensagens bem diretas a uma população e continuam sendo um recurso importante para a convocação de pessoas em processos de mobilização social.

A vida moderna introduziu, além disso, vários dispositivos novos de comunicação: jornais, rádio, televisão e, mais recentemente, a internet, além de um conjunto de novas mídias com tecnologia digital. Isso começou a fazer muita diferença. Basta imaginar que num pequeno povoado podemos encontrar, por exemplo, uma ou mais de uma emissora de rádio. O rádio se tornou um veículo importante e bastante eficiente para dar notícias e convocar as pessoas. Assim, os meios de comunicação de massa passaram a exercer uma função de difundir e propagar as mais diversas mensagens.

Podemos pensar, então, que diante da transmissão das mensagens através de vários meios diferentes, a nossa organização da vida coletiva tende também a ocorrer de modo mais disperso ou, pelo menos, menos concentrado e convergente. Como podemos ver, a simples introdução de um novo recurso, como o rádio, foi fator decisivo para criar condições efetivas de descentralização de um conjunto de relações até então estabelecidas.

O que dizer, então, das comunidades que hoje possuem amplo acesso a programações de rádio e de televisão globalizadas, além do recurso a veículos comunitários, como rádio e jornal? Como podemos pensar o contato intenso entre as pessoas via telefone e pelo acesso à internet e às redes sociais informatizadas? É claro que, nesse contexto, tendemos a mudar as nossas relações de convivência e de sociabilidade, que não se restringem mais ao espaço no qual habitamos. Mudamos a nossa relação com esse território e ainda estabelecemos laços fora dele com muita facilidade. Devido ao desenvolvimento dos meios de transporte, podemos transitar por vários territórios rapidamente e, por causa da facilidade das telecomunicações, podemos estabelecer relações que transcendem a localidade.

Num mundo em que a maior parte da população vive em espaços urbanos, a cidade é um elemento central a partir do qual temos que pensar os tipos de relações que estabelecemos e os modos de organização coletiva. Esse cenário, numa sociedade industrial avançada, produz relações bem mais complexas e dinâmicas.

A dinâmica e as contradições dos grandes espaços urbanos na sociedade complexa

O que vemos nos grandes centros urbanos é uma situação que não pode ser tomada numa visão simplista que corresponde àquela das antigas comunidades. A urbanização é um fenômeno considerável na modernidade e promoveu rápidas transformações nas formas de vida. Mas o mais interessante é que essas formas de vida não se manifestam apenas nas áreas urbanas; muitos de seus elementos se alastram para áreas rurais. Vários desses elementos tornaram-se hegemônicos na forma de organizar a vida coletiva na atualidade. Por isso, é essencial lançarmos um olhar sobre a cidade e o que ela representa.

Viver nas cidades contemporâneas demanda grande mobilidade, além de uma intensa comunicação entre as pessoas. Não precisamos muito esforço para perceber que não mantemos nesses espaços as mesmas relações de parentesco e vizinhança que são características das comunidades tradicionais. Mesmo que reconheçamos dentro da cidade alguns espaços específicos que se aproximam de uma sociabilidade mais comunal, nem sempre vamos distinguir todos os seus aspectos característicos, como já descrevemos. Por exemplo, numa vila ou favela, podemos às vezes perceber laços de solidariedade e um tipo de interação mais próxima, por outro lado, cada vez menos a reconhecemos como um espaço de certa homogeneidade.

As cidades contemporâneas são marcadas pela ampla diversidade, tendo em vista a origem das pessoas, sua condição social, suas crenças, seu estilo de vida e sua identidade. Se observarmos mais de perto as localidades que, à primeira vista, parecem uniformes, o que vemos é um conjunto variado de gostos e preferências, de interesses, que nem sempre formam um elemento comum identificável. A cidade é uma "complexa rede de pertencimentos, sensibilidades, produções e apropriações simbólicas, disputas e lutas hegemônicas" (OLIVEIRA, 2007, p. 64). O espaço urbano é o lugar da multiplicidade e da heterogeneidade.

Se concebermos a cidade como uma grande teia de relações, de intensas comunicações entre os sujeitos, poderemos ver que esses relacionamentos não se esgotam nas formas mais simples e imediatas de contato, próprios da interação face a face. Nesses ambientes, nossa sobrevivência depende também de inúmeras interações mediadas, que passam por toda a parafernália de telecomunicações e pelos meios de comunicação social.

Organizamos cada vez mais a nossa vida de acordo com as possibilidades de interação mediada: utilizamos o telefone, formas de contato informatizadas (*e-mail, chats,* conversas de áudio e vídeo), buscamos informações úteis na mídia (incluindo as novas mídias digitais), organizamos nossos deslocamentos, nosso lazer e nossas atividades de consumo de acordo com essas informações e ainda construímos redes de sociabilidade, utilizando esses recursos.

Outra característica importante a ser levada em conta é a profunda interdependência existente na vida moderna, que se reflete inclusive no desenho das cidades. Essa interdependência é um dos fatores que evidenciam a enorme complexidade das relações que estabelecemos e de como nos organizamos para produzir aquilo de que necessitamos, até mesmo para manter essa dinâmica tão complexa. De tudo aquilo que cada um de nós consome, o que nós mesmos produzimos? Possivelmente responderemos "nada" ou, na melhor das hipóteses, apenas um ou outro produto. Se pensarmos no que é necessário para viver nessa sociedade complexa, temos que admitir que somos muito dependentes da produção de outros sujeitos e, mais ainda, de um conjunto de organizações e de sistemas produtivos, todos encadeados, que precisam operar com alguma eficácia para que tenhamos acesso àquilo de que precisamos. O mesmo se dá em relação aos serviços de que necessitamos para a nossa própria sobrevivência, que formam sistemas de ações coordenadas com alto nível de interdependência (serviços de saúde, educação, segurança e tudo o mais). Isso reflete o alto grau de especialização nas mais variadas e complexas tarefas e corresponde a uma grande divisão de trabalho.

Isso posto, três aspectos devem ser levados em conta para compreendermos melhor o sentido que aplicamos atualmente às comunidades:

- Uma comunidade não se limita à coabitação em um território comum.
- Dentro de um mesmo território, sua população pode ser muito diversificada, possuindo poucos elementos em comum.
- Dentro de um mesmo território, os laços de parentesco e vizinhança ou de trabalho e produção compartilhada podem não ser os elementos mais importantes que definem o espaço comum e sua organização coletiva.

É nesse contexto que se manifestam pelo menos três contradições fundamentais:

- *Local x global:* Destacar essas duas dimensões estão em permanente tensão, pois em nossa vida cotidiana somos o tempo todo afetados tanto pelas relações que estabelecemos em localidades delimitadas quanto pelas que ocorrem no espaço fora delas. O mundo moderno gerou uma interdependência e uma divisão de trabalho em escala planetária, e hoje temos a consciência de que em termos ambientais precisamos pensar globalmente e agir localmente. Além disso, a identidade cultural de grupos que ocupam um espaço local está em permanente tensão com o ambiente mais amplo e global.
- *Unidade x diversidade*: Buscamos identificar como comunidades certas "unidades", por exemplo, um povoado, uma vila ou um bairro. Mas essas unidades sempre demonstram diversidades inerentes.
- *Individualidade x coletividade:* Em formas de organização mais fragmentadas pela divisão de trabalho, ou seja, menos convergentes, é sempre um desafio encontrar as questões que dizem respeito ao âmbito individual e privado e as que são relativas à dimensão coletiva dos sujeitos.

Mesmo que ainda, em alguns casos, possamos nos referir à "comunidade" como sendo a população de uma localidade, temos pelo menos dois outros fatores a considerar: os gostos/ preferências e os interesses comuns. Nossos gostos e preferências são importantes fatores para a formação de grupos. Os agrupamentos mais informais são gerados principalmente pelas afinidades que elegemos entre os membros, por exemplo, a paixão pelo mesmo time de futebol. Se observarmos os sítios de relacionamento na internet, como o Orkut, podemos perceber como as pessoas se organizam em "comunidades" com base nos gostos e preferências que compartilham.[11] Também nos organizamos por interesses comuns que passamos a defender coletivamente. Isso define não só uma afinidade para a nossa grupalização, mas uma condição para que possamos nos transformar em agentes coletivos.

Assim, para reconhecer o que seja uma comunidade, acabamos lançando mão de algum elemento mais pragmático que possa ser identificado como algo comum, capaz de gerar coesão em algum grupo social. Quando examinamos um território, ou seja, uma localidade qualquer, temos que perceber quais são os elementos que dão à sua população algum sentido de comunidade, de algo compartilhado. Por tudo o que vimos anteriormente, podemos entender, então, que esse sentido pode variar muito de uma localidade para outra. E até dentro de um mesmo território é um sentido precário, instável, já que os gostos ou as preferências e os interesses podem variar muito com o passar do tempo.

O que pode ser a "comunidade" para a polícia?

A filosofia de polícia comunitária comporta a expectativa de que uma aproximação maior com o público possa "intervir sobre os modos de convivência e proporcionar recursos para

---

[11] Interessante notar que o próprio Orkut se define como "uma *comunidade* on-line criada para tornar a sua vida social e a de seus amigos mais ativa e estimulante". Disponível em: <www.orkut.com>. Acesso em: 12 mar. 2009.

o melhoramento da qualidade do vínculo social" (PALMIERI, 2003, p. 17), de tal maneira que se possa reduzir o apelo à violência na solução de conflitos. Essa é uma ideia indutora presente em muitos programas correntes de policiamento comunitário, gerando a expectativa de que a polícia, através de uma relação mais estreita com as comunidades, auxilie na promoção da melhoria dos padrões e dos comportamentos da vida social, da convivência e da utilização dos espaços públicos numa dada localidade. Assim, para a polícia, a ideia de comunidade pode ser tomada como uma resposta à degradação dos laços sociais vivida nas sociedades altamente urbanizadas, cada vez mais caracterizadas por comportamentos de cunho individualista e pela situação de anomia. Isso sugere que, além da referência à localidade, a filosofia de polícia comunitária costuma associar de modo forte ao público denominado comunidade uma *determinada* noção de sociabilidade, com forte sentido moral.

Porém, Robert Reiner (2004) alerta para uma questão-chave para a compreensão dos problemas de implantação da filosofia de polícia comunitária, que é incorrer numa visão de que as comunidades são "latentes formas homogêneas de controle informal, que podem ser mobilizadas para interagir significativamente com a polícia" (REINER, 2004, p. 176), ou seja, uma visão de comunidade homogênea, não necessariamente condizente com as formas de sociabilidade contemporânea. Assim, à tensão entre os vários sentidos possíveis de comunidade juntam-se as múltiplas e complexas formas de organização social – especialmente nos grandes espaços urbanos marcados pela pluralidade cultural, pela diversidade étnica, por desigualdades socioeconômicas (em muitos casos bastante expressiva, como no Brasil).

Não é raro perceber nos discursos sobre polícia comunitária uma oscilação entre visões românticas e pragmáticas de comunidade. Isso porque, além das expectativas mais gerais depositadas nas relações mais próximas entre os sujeitos numa localidade, está a necessidade de estabelecer ações e projetos que não apenas reforcem esses vínculos mas também produzam uma efetiva cooperação em relação a problemas de segurança enfrentados naquele local. Os vários dilemas e contradições que são observados na dinâmica social contemporânea tornam insuficientes a antiga visão tanto de laços sociais quase limitados às relações de proximidade mais espontâneas quanto de projetos de ação e intervenção que são circunscritos exclusivamente a um território bem delimitado.

Há, na referência ao termo "comunidade", um problema com o qual a polícia inevitavelmente se defronta: sejam quais forem os significados a ele atribuídos, na prática acaba por circunscrever-se, de acordo com as circunstâncias operacionais, ao seu sentido geográfico. Embora as filosofias de policiamento preventivo, ao apelar para o senso comunitário, possam referir-se aos variados significados de "comunidade", elas têm como um de seus princípios fundamentais o envolvimento e a participação da sociedade civil no diagnóstico dos problemas relativos à segurança no âmbito *local* – o que implica trabalhar em profundidade as singularidades de uma dada fração territorial onde atua a polícia. Denotam, de modo pragmático, uma aproximação maior com a localidade e o que seja peculiar na vida de um dado domínio territorial, que corresponde a uma fração policial definida. Essa dimensão constitui, por si mesma, o grande aspecto inovador no relacionamento público das agências policiais: de uma visão mais geral de públicos, a polícia passa a considerar de modo mais específico as "comunidades", o que a liga essencialmente a certos *públicos locais* ou localmente identificáveis.

Isso encerra alguns problemas de ordem prática que são comumente observados. As áreas sob jurisdição dos distritos ou companhias costumam ser extensas, compreendendo vários bairros, com perfis e realidades diferenciados. Não são, em geral, vistas como a "unidade" que se pode chamar de "comunidade". A grande unidade de referência costuma ser o *bairro*. Mesmo assim, essa visão do bairro como unidade de referência muitas vezes é posta em questão. É uma célula territorial que não possui características muito fixas e não se resume a local de moradia. É também local de trabalho e de passagem, e isso traz características peculiares a cada bairro. Outros pontos que desafiam a noção de bairro como unidade comunitária são as divisões que podem comportar alguns bairros maiores (como os que possuem vários setores e várias associações comunitárias e acabam divididos em setores) e, no caso da divisão territorial da polícia, o fato de que, em muitos lugares, alguns bairros têm sua área dividida entre as jurisdições de dois distritos ou companhias. Outra dificuldade é como tratar de territórios que não constituem um bairro, ou ao menos um bairro típico, como alguns enclaves populacionais dentro de bairros ou aglomerados urbanos. Alguns desses segmentos podem ou não ser tratados como bairros, dependendo da visão que a própria polícia tenha.

Porém, podemos notar que a definição operacional de comunidade, baseada numa unidade fisicamente observável, entra em conflito com os sentidos mais amplos que esse termo evoca. Como exemplo, a diretriz de implantação de polícia comunitária pela Polícia Militar de Minas Gerais traz como anexo uma série de definições, a primeira das quais é a de comunidade, "para não correr o risco de definições ou conceitos unilaterais". Mesmo assim, esse conceito não é bem delineado e prefere "apresentar alguns traços que caracterizam uma comunidade":

> a) forte solidariedade social;
>
> b) aproximação dos homens e mulheres em frequentes relacionamentos interpessoais;
>
> c) a discussão e soluções de problemas comuns;
>
> d) o sentido de organização possibilitando uma vida social durável (MINAS GERAIS, 2002c, p. 34).

Vemos, com isso, que a definição desses públicos locais não é tão simples e precisa. Um dos desafios está em ver o conjunto de públicos locais *como uma unidade*. Somos levados a crer que uma visão genérica dos públicos locais como "comunidades" tende a escamotear as múltiplas faces que podem assumir os vários segmentos que os compõem, devido a algumas tensões que aí se estabelecem. A proposta de polícia comunitária requer uma comunicação capaz de gerar e alimentar a conversação sobre temas relativos à segurança pública e de processar as divergências de visões e os conflitos morais decorrentes da abertura de tais assuntos ao debate com os cidadãos. Mas isso implica a dificuldade da polícia de conceber estratégias de comunicação que deem conta de visualizar as complexas relações entre os processos de comunicação mais abrangentes e massivos e os processos comunicativos que penetram as redes de sociabilidade local no cotidiano, bem como rever a sua concepção de públicos para englobar a ampla variedade desses públicos locais. Algumas tensões específicas nesse processo refletem com clareza as contradições que apontamos anteriormente (local x global, unidade x diversidade e individualidade x coletividade):

1) A aposta na "comunidade" é em si uma aposta na composição de relações formais e informais de troca entre polícia e cidadãos, no nível coletivo, sob bases comuns possíveis na localidade. Perpassam essas relações as evidentes – e sempre presentes – tensões entre as dimensões individual e coletiva dessa relação. A partir das relações mais formalizadas, tende a sobressair uma visão desses públicos locais muito mais pragmática. No entanto, muitas das relações que se impõem de modo informal (fora do âmbito dos Conselhos Comunitários de Segurança Pública) tendem a constituir também experiências ricas e motivadoras de interlocução, que muitas vezes são extremamente produtivas, embora nem sempre ganhem visibilidade e reconhecimento institucional.

2) À contradição entre unidade e diversidade corresponde uma tensão equivalente entre estabilidade e instabilidade, que torna difícil definir com maior precisão

o que é, de fato, a "comunidade", em suas múltiplas faces. O problema de definir os públicos locais remete então à necessidade de garantir alguma possibilidade de reconhecer *interesses comuns* de modo relativamente estável, naquela localidade. Uma solução frequentemente encontrada é buscar a aglutinação observável desses interesses em grupos que se organizam e se institucionalizam (associações de bairro, grupos culturais, entidades que realizam projetos sociais na localidade, grupos religiosos, etc.). Esses grupos se credenciam como interlocutores, desde que consigam demonstrar alguma representatividade e tenham seus interesses e objetivos considerados legítimos no âmbito daquela instância de interlocução (no caso formal, os Conselhos Comunitários de Segurança Pública, mas, por fora dessa instância formal, dependem de obter esse reconhecimento pelos agentes da própria polícia). Essa "institucionalização" da comunidade, em que os públicos locais são representados pelas suas formas associativas, pode ser uma contradição em si, se tomamos a noção de comunidade como um agrupamento mais espontâneo.

3) A definição técnica e operacional da comunidade como correspondente à área sob jurisdição de um distrito ou companhia de polícia conflita ao mesmo tempo com a visão do bairro como "unidade" de referência e com uma concepção ambivalente de "comunidade" (território comum x interesses e valores comuns), o que provoca dificuldades de caracterizar os públicos locais em sua diversidade.

4) Estudo que realizamos numa realidade metropolitana (HENRIQUES, 2008) demonstra que o conjunto das complexas questões urbanas é um elemento fundamental para o sucesso da aposta numa filosofia de polícia comunitária. Isso porque a segurança pública não pode ser vista como uma área isolada, mas plenamente integrada

ao conjunto de preocupações sobre a qualidade de vida nos espaços de alta concentração urbana. Exemplo disso é que, na realização de projetos preventivos de segurança pública, os esforços de muitas áreas são requeridos, como educação, saúde, transporte público, energia, saneamento, urbanização. Podemos considerar essa interdependência um elemento importante de politização do trabalho policial, isto é, lidar com os públicos em uma localidade implica lidar com as relações de poder de cada comunidade, com os seus conflitos próprios, que se manifestam todo o tempo nas formas sob as quais se dão os arranjos coletivos e de como tudo isso cria relações com diversos setores e instâncias dos poderes públicos. Por outro lado, essa ligação estreita e sistêmica com as políticas públicas das demais áreas transcende o âmbito local e alcança esferas maiores – como as políticas públicas definidas em nível estadual ou nacional. Dessa maneira, o foco em públicos locais não pode desconsiderar a relação de tensão permanente com os públicos de maior abrangência (que extravasam o perímetro dessas localidades) o que torna impossível identificar nas diversas questões públicas relevantes uma fronteira clara que define o âmbito estritamente local.

Dessa forma, se problematizamos o sentido de "comunidade", vemos que ele não é um conceito unívoco. As grandes transformações operadas no mundo moderno desafiam as noções tradicionais de comunidade, baseadas no parentesco e na vizinhança. É preciso examinar com atenção quais são os elementos que definem o sentido de comunidade, quando estamos diante da população de determinada localidade. Isso só pode ser feito mediante a observação de seu modo de vida e de convivência, suas formas de sociabilidade, bem como pelo conhecimento das estratégias que esses sujeitos utilizam para organizar sua vida coletiva.

Não é possível mantermos uma visão simplista e ingênua de comunidade. É fundamental compreendermos não apenas quais são os elementos principais que os sujeitos compartilham em determinados grupos (em termos de preferências e de interesses), mas também os conflitos que derivam das contradições geradas pela convivência naquele espaço. Compreender as formas, os meios e as estratégias de comunicação é essencial para entender como se dá a organização coletiva no âmbito local e que sentido pode ter esse conjunto de públicos locais para a polícia, considerando a prática de polícia comunitária.

CAPÍTULO III

A mobilização social e sua aplicação em programas de polícia comunitária

Mobilização social tem sido um termo bastante usado nos dias de hoje, e costuma-se dizer que é um fator essencial para a prática de polícia comunitária. Qual seria a relação entre esse termo e a mudança no paradigma organizacional das polícias? De tanto usar o verbo "mobilizar", nem sempre paramos para perceber em que sentido ele está sendo empregado. Tendo uso bastante trivial, "mobilizar" encerra, obviamente, um sentido de ação e movimento, como na definição seguinte:

> **Mobilizar** (v.) – Movimentar(-se), mover(-se), pôr(-se) em ação; movimentar-se para deflagrar uma ação (*Dicionário Aulete Digital*).

Não é possível precisar como o termo "mobilizar" começou a se destacar e a ampliar um significado mais estrito ao qual estava tradicionalmente associado; o de "movimentar tropas", também inscrito no mesmo dicionário: "Pôr(-se) em ação (tropa) para a guerra ou ante perigo de guerra". A ideia de um movimento para a luta social coaduna com o escopo dos movimentos sociais de massa e, em sentido bélico, está de acordo com os formatos das lutas revolucionárias, das guerrilhas, em que "mobilizar" sempre foi uma prática essencial. No entanto, mais recentemente, outros sentidos têm ganhado força, como estes: "arregimentar, sensibilizar ou comover; conclamar, chamar à ação (pessoas, grupos, instituições, etc.)" (*Dicionário Aulete Digital*).

A combinação do sentido de luta com o de reunir recursos provavelmente faz com que o termo *mobilização social* passe a frequentar o cotidiano dos chamados "novos movimentos sociais", que emergem nas sociedades democráticas contemporâneas. Isso porque, em sociedades complexas, observa-se a formação de amplas redes de movimentos, que se referem aos mais diversos aspectos da vida social e são gestados em meio a uma enorme multiplicidade de arranjos de ação coletiva (MELUCCI, 1996; CASTELLS, 1999).

Mobilizar, mais que um modismo, passou a ser uma exigência. Contudo, o termo mobilização "social" passou a ser usado para distinguir de que mobilização se trata. Se, em sentido mais geral, mobilizar tem o significado de "dar movimento", "pôr em movimento ou circulação", uma sociedade complexa e dinâmica, em movimento cada vez mais acelerado, reúne grupos e arregimenta recursos para as mais variadas finalidades. É comum ouvirmos que os brasileiros se mobilizam para torcer pela Seleção em tempo de Copa do Mundo, que os times de futebol mobilizam suas torcidas (inclusive organizadas). Mas esse é um tipo de mobilização. No entanto, o adjetivo "social" ao termo "mobilização" nos remete a um significado que, se não ganha ainda uma precisão conceitual capaz de distinguir os diversos tipos de participação e de luta coletiva, ao menos exclui alguns tipos de ações mobilizadoras. Mesmo assim, a mobilização social tem amplitude e pode referir-se tanto a movimentos sociais de massa quanto às mais diversas formas associativas, tais como:

- projetos de ação voluntária;
- organizações não governamentais e entidades do chamado Terceiro Setor;

- militância partidária;
- organização popular e comunitária;
- trabalho cooperativo;
- fóruns de participação institucionalizada em temas públicos, como conselhos, comitês, etc.;
- projetos de ação social, inclusive os de responsabilidade social, nos quais empresas buscam atuar junto aos públicos denominados "comunidades".

É fato que os diversos setores sociais hoje são mobilizadores, ou seja, de alguma forma promovem ações coletivas em prol das mais variadas causas, e há uma grande expectativa de que a nossa ação política se dê a partir de processos de mobilização. Essa expectativa tem a ver com o contexto democrático em que vivemos e o sentido de mobilização social que nele se constrói.

Mudança nas formas de exercício político – a concepção contemporânea de democracia e de cidadania

A Constituição Brasileira de 1988, chamada de "Constituição Cidadã", foi um importante marco político que buscou ampliar o conceito de cidadania, com o reconhecimento da participação de grupos sociais anteriormente excluídos do poder de escolha e decisão política, além de criar um desenho institucional para o poder público que permita a participação dos cidadãos na formulação e no controle da execução de políticas públicas. O que se busca efetivar com isso é um relacionamento inovador entre Estado e sociedade civil, que prevê processos *participativos*. Por isso, não podemos compreender o sentido da mobilização social no Brasil de hoje sem associá-lo às possibilidades de participação cívica. Tais possibilidades constituem um fator de inovação democrática muito importante que muda o próprio desenho institucional do poder público e desafia as práticas tradicionais de administração e a própria cultura política tradicional.

Tomamos aqui o termo "inovação institucional" para designar uma reconfiguração da administração pública que tem o intuito de incorporar a criação de espaços de interlocução com a sociedade civil. (AVRITZER, 1994; FUNG, 2004a). Vivemos exatamente não sob o signo de uma democracia direta, em que os cidadãos reunidos podem debater e deliberar sobre as questões que os afetam, mas sob uma intrincada combinação de instituições de caráter *representativo* e de canais de participação abertos aos cidadãos. Esses canais são fóruns capazes de aproximar o cidadão dessas esferas representativas de tomada de decisão política. Exemplos desses canais ou fóruns são os conselhos de políticas públicas instituídos em praticamente todas as áreas da administração, como saúde, educação, segurança pública, etc. Também se veem as práticas de inovação institucional democrática em processos como os orçamentos participativos, os programas de Agenda 21 local e as experiências de elaboração de planos diretores municipais.

O conceito contemporâneo de cidadania não está relacionado apenas ao direito de escolha de representantes pelo voto, e seu sentido também não se limita aos processos eleitorais. O que se espera é que a ação cívica perpasse as instituições políticas por meio da participação da sociedade civil, tanto na formulação quanto na execução das políticas públicas, independentemente da área de atuação. É nesse cenário que o poder público se viu diante da demanda de mudar sua forma de organização administrativa e seu desenho institucional. Constituindo fóruns para discussão e deliberação, os próprios órgãos governamentais precisam desenvolver estruturas capazes de estimular essa participação, absorver em sua dinâmica os resultados desse processo, além de prestar contas aos cidadãos sobre as suas atividades.

Archon Fung denomina essas atividades de "esforços construtivos" no sentido "do engajamento cívico e da deliberação pública na política contemporânea" (FUNG, 2004a).

Ele chama a atenção para a diversificação dessas experiências participativas, que podem assumir vários desenhos institucionais, como os fóruns educativos, os conselhos consultivos participativos, os fóruns de cooperação para a resolução participativa de problemas e os de governança democrática participativa.

Ao lado das práticas de conselhos populares, orçamento participativo e outras experiências congêneres, Fung (2004a, 2004b) destaca, como exemplo de *cooperação para resolução participativa de problemas*, o policiamento comunitário na cidade de Chicago, implantado em 1994. Ele estudou esse caso, chamando a atenção para a importância desse processo não só para a redução da criminalidade no local, mas também para a produção de maior legitimidade das decisões e da própria instituição policial.

Assim, a mobilização social torna-se um fator essencial para gerar o engajamento cívico em processos participativos. A participação nos diversos fóruns deliberativos ganha mais força quando os cidadãos, mobilizados e organizados, conseguem se posicionar e expressar publicamente seus desejos e seus interesses. Estamos diante de uma realidade na qual os mais variados grupos se unem com a intenção de alcançar a potência cívica necessária para interferir na vida coletiva: dar visibilidade às suas questões, propor debates sobre assuntos que os afetam, lutar pelos seus direitos. Isso significa que a participação não se resume à presença nos fóruns institucionalizados onde pode ocorrer a interlocução entre o Estado e a sociedade civil. Aliás, para que isso efetivamente ocorra, demanda-se a organização dos grupos de cidadãos, que por sua própria iniciativa precisam reunir pessoas e recursos em torno de causas de interesse público.

É importante percebermos que a mobilização social não se resume à participação. Compreende um processo amplo e permanente de engajamento dos cidadãos e das instituições no processo político democrático.

O conceito de mobilização social no atual contexto de democracia participativa

Como já vimos, a mobilização social não se refere a um tipo qualquer de movimentação dos sujeitos nem de participação em ações coletivas. Nem se resume apenas ao simples ato de participar de algum processo de discussão coletiva. *Como podemos, então, compreender o conceito de mobilização social?* Mobilização social é uma reunião de sujeitos que definem objetivos e compartilham sentimentos, conhecimentos e responsabilidades para a transformação de uma dada realidade, movidos por um acordo em relação a determinada causa de interesse público (BRAGA; HENRIQUES; MAFRA, 2004, p. 36).

Quando assim definimos, temos que prestar atenção não apenas aos objetivos que são traçados em comum, mas também à geração de uma responsabilidade compartilhada entre essas pessoas quanto a um problema que desejam resolver. Esse problema tem que ser de interesse público, ou seja, deve ser posicionado não como sendo do âmbito privado daquele conjunto de pessoas, mas no âmbito coletivo. E a responsabilidade compartilhada, ou a corresponsabilidade, em relação aos temas públicos só pode ser alcançada por uma série de transações entre esses sujeitos, capazes de produzir certos acordos e constituir vínculos grupais.

José Bernardo Toro e Nísia Werneck (2004) salientam que toda mobilização tem objetivos predefinidos, um propósito comum, por isso é um ato de razão. Pressupõe uma convicção coletiva de relevância, um sentido de público, daquilo que convém a todos. Para ser útil a uma sociedade, a mobilização tem que ser orientada para a construção de um projeto de futuro. Os autores reconhecem a mobilização social como um ato de comunicação, pois envolve o compartilhamento de discursos, visões e informações. Por isso, os processos de mobilização social podem ser compreendidos como *processos comunicativos*. Quando assim os compreendemos, a comunicação emerge como um problema central a ser resolvido em qualquer movimento social ou projeto mobilizador, seja qual for sua natureza e sua feição. Primeiro porque os grupos que se mobilizam têm que se engajar numa prática comunicativa intensa, gerando para si mesmos uma identidade. Essa identidade é importante não só para garantir o vínculo de corresponsabilidade entre o projeto e seus públicos, mas também a causa que defende. Permite gerar um sentimento de pertencimento dentro do próprio grupo e, para fora dele, um reconhecimento do projeto e da causa. Em segundo lugar, porque o posicionamento de um tema como um problema público depende de uma exposição a públicos mais amplos para que assim seja considerado e reconhecido, transcendendo a esfera individual ou privada, num processo de coletivização.

Mais adiante veremos em detalhes tanto o processo de coletivização de um projeto mobilizador (capítulo 4) como a geração dos vínculos entre os sujeitos e grupos que se mobilizam (capítulo 5). Por enquanto é importante prestarmos atenção aos seguintes pontos que decorrem do conceito de mobilização social que acabamos de apresentar:

- É um processo dinâmico, que se dá a partir da comunicação entre os atores que se mobilizam, buscando transformar alguma realidade ou lutar contra situações sociais adversas.

- Nasce não apenas de um sentimento comum entre estes atores – como de incômodo, indignação, revolta em relação às suas condições – mas também de uma necessidade de compartilhar conhecimentos e definir responsabilidades. Em nossa sociedade atual, a complexidade dos problemas a ser enfrentados exige a produção e a reunião de grande volume de conhecimentos sobre as causas a ser defendidas. Dado o grau de divisão de trabalho e de especialização, demanda também a participação de especialistas e a divisão de responsabilidades.

- Todo grupo que se mobiliza por uma causa deve buscar posicioná-la no espaço público, projetando-a para o conjunto da sociedade, seja para obter uma aceitação de sua bandeira como legítima, seja para conquistar a adesão de outros atores ou grupos sociais. Assim, podemos imaginar que todo grupo mobilizado – todo projeto mobilizador – tende a buscar sua ampliação, ou seja, crescer em volume de simpatizantes e participantes e, por conseguinte, dar visibilidade para a causa que defende, para que seja encarada como relevante, justa e legítima.

Encontramos processos de mobilização social de modo muito evidente nos chamados movimentos sociais. São grupos que se organizam em torno de reivindicações de justiça, luta por direitos ou por amplas transformações sociais. Eles buscam se posicionar diante da sociedade como um todo, trazendo à tona temas relevantes à sua luta para, com isso, ser de algum modo reconhecidos e considerados no cenário político. Muitas vezes não se materializam em uma instituição bem definida, mas compõem uma rede de pessoas e instituições que se agregam à causa. Movimentos feministas, ambientalistas, de trabalhadores rurais sem-terra, étnicos são alguns exemplos.

Por outro lado, como já observamos na introdução deste capítulo, diante da prerrogativa de livre associação, os cidadãos buscam unir seus esforços para fortalecer suas possibilidades de interlocução com o poder público, bem como suas reivindicações, com a intenção de agir em cooperação com outros grupos da sociedade civil ou cooperar com os agentes públicos na solução coletiva de problemas. De modo geral constituem o que hoje se denomina de "terceiro setor". Iniciativas de associação voluntária desse tipo dependem de processos de mobilização social para sua constituição e manutenção. Temos aí um amplo leque de instituições, como as associações de bairro e organizações não governamentais constituídas com propósitos específicos e áreas de atuação definidas.

As instâncias participativas instituídas no âmbito do poder público, como vimos, possuem caráter mobilizador, na medida em que necessitam fomentar a participação cívica e manter um ambiente favorável à cooperação dos cidadãos com o poder público em torno de propósitos comuns que sejam definidos como políticas públicas. Assim, manter um processo de planejamento, um orçamento participativo ou a interlocução em instâncias como os conselhos de políticas públicas requer estabelecer um processo de mobilização aberto e democrático. A mobilização que ocorre no âmbito do poder público, diante do desafio da inovação institucional democrática nos interessa mais de perto para discutir a mobilização social em projetos de polícia comunitária.

A comunicação entre poder público e cidadãos, no plano individual e no plano coletivo

Como já vimos na primeira seção, um modelo de democracia participativa que possibilita aos cidadãos a oportunidade de participar da gestão pública e da formulação de suas políticas desafia o *modus operandi* tradicional dos órgãos governamentais. Como consequência da redefinição de cidadania e do reconhecimento dos sujeitos como portadores do direito de participar mais direta e efetivamente na gestão da sociedade surgem experiências de

> [...] construção de espaços públicos, tanto daqueles que visam promover o debate amplo no interior da sociedade civil sobre temas/interesses até então excluídos de uma agenda pública, como daqueles que se constituem como espaços de ampliação e democratização da gestão estatal (DAGNINO, 2002, p. 10).

Isso significa que cada área específica de governo necessita agora promover uma interlocução com a sociedade civil, que se dá em fóruns, de modo organizado, e que deve ser transparente e aberta ao conjunto dos cidadãos. Com a exigência dessas novas relações, é necessário que ocorram também mudanças nas *formas de comunicação* desses órgãos do poder público com os cidadãos. E quais são as mudanças mais importantes nessas formas de comunicação?

Primeiro precisamos compreender que essas instâncias de participação constituem uma esfera de *deliberação*, em que os mais diversos problemas publicamente tematizados precisam ser encarados como de responsabilidade compartilhada. Podemos entender como *deliberação* não apenas as tomadas de decisão formais do sistema político ou o debate que as precede, mas também um processo argumentativo amplo e dialógico de troca de razões, de discussão em público que busca, pela coordenação e cooperação entre os sujeitos envolvidos, entender e/ou resolver situações-problema que escapam à sua esfera individual (BOHMAN, 2000). Essa prática da deliberação pública exige pelo menos dois grandes esforços:

- garantir as condições de participação efetiva dos sujeitos nos fóruns abertos, em que os diversos interesses e argumentos possam se manifestar livremente;
- propor publicamente a tematização de questões que devem ser reconhecidas como relevantes pelos públicos de maneira geral.

Dessa maneira, o estabelecimento pelo Estado de uma comunicação pública abrangente deve encarar os públicos sob uma nova ótica, que sustente o objetivo de gerar ambientes de debate, deliberação e cooperação, respeitando a pluralidade social. Os esforços de comunicação, além de dar visibilidade às causas de interesse público, devem fomentar continuamente a constituição de públicos críticos, capazes de intervir nas discussões dos assuntos publicamente relevantes. Isso é muito mais do que apenas fornecer informações à sociedade e prestar contas sobre o seu serviço. As políticas e as estratégias de comunicação devem ser capazes de estimular a participação e a cooperação dos cidadãos, estabelecer e orientar a interlocução e fomentar o próprio debate cívico.

Diante de tudo isso, a interlocução com os cidadãos não pode se dar apenas no plano individual; deve ocorrer também no plano coletivo. Vejamos como se dá o relacionamento nesses dois planos:

1) *Plano individual:* O poder público institui uma relação singular com cada cidadão, na medida em que a ele presta os seus serviços. Vemos esse tipo de relacionamento em operação sempre que recorremos aos serviços públicos, como saúde, educação, previdência, segurança. Isso acontece também no cumprimento de nossas obrigações para com o Estado, no papel de contribuintes, eleitores, etc. Para que essa relação individual seja efetiva, o poder público precisa instituir formas de contato interpessoal, como as centrais de atendimento – presenciais ou não. Fica demarcada, inclusive, uma relação direta entre o cidadão e o agente público, que, esperamos, esteja preparado para a interação, prestando convenientemente os serviços demandados.

2) *Plano coletivo:* O poder público precisa relacionar-se com grupos de cidadãos, organizados ou não, que possuem o direito de reivindicar coletivamente os seus direitos, cobrar ações de efetivação de políticas publicamente definidas ou propor mudanças em tais políticas. Para efetivar essa interlocução, o Estado precisa instituir mecanismos de interlocução, formais ou informais, com o intuito de estabelecer contato com esses grupos. É neste plano que acontece a possibilidade de deliberação conjunta e de cooperação coletiva na solução de problemas. Mais do que as opiniões e demandas de um só cidadão, importam as razões e os argumentos construídos, apresentados e debatidos coletivamente.

Alguns exemplos:

Comunicação no plano individual	Comunicação no plano coletivo
Quando temos algum problema de saúde, podemos procurar uma unidade de saúde para sermos individualmente atendidos em nossa demanda.	Um grupo de cidadãos incomodados com a situação precária do atendimento básico à saúde pode mobilizar-se e levar ao Conselho Municipal de Saúde suas reclamações, propor ações, mudanças na política de saúde da cidade, etc.
Estabelecemos relações de consumo individuais, privadas. Quando nos sentimos prejudicados, procuramos os órgãos de defesa do consumidor para fazer valer nossos direitos, podendo resultar disso algum acordo ou ações judiciais.	Podemos nos reunir com outras pessoas num movimento de consumidores para dar maior visibilidade aos abusos nas relações de consumo, participar das discussões sobre novas leis e regulamentações que nos afetem como consumidores, junto aos órgãos dos poderes Executivo, Legislativo e Judiciário.
Caso sejamos vítimas de uma ação criminosa, podemos acionar a Polícia. Se precisarmos de socorro em algum acidente, podemos chamar o Corpo de Bombeiros. Estabeleceremos ali uma relação individual de demandar um serviço público que nos será prestado de modo individualizado.	Preocupados com a situação de violência e criminalidade em nosso bairro, podemos conclamar nossos vizinhos, mobilizar instituições locais, como associações de moradores, igrejas, etc. e participar do Conselho Comunitário de Segurança Pública.

A Fig. 1 mostra a relação entre o poder público e o cidadão nesses dois planos. Nela podemos observar que não existe, na verdade, uma relação que seja pura e exclusivamente individual entre o poder público e um cidadão. Essa relação sempre estará ligada a todas as outras relações que se estabelecem tanto no plano individual, com outros cidadãos, quanto no coletivo.

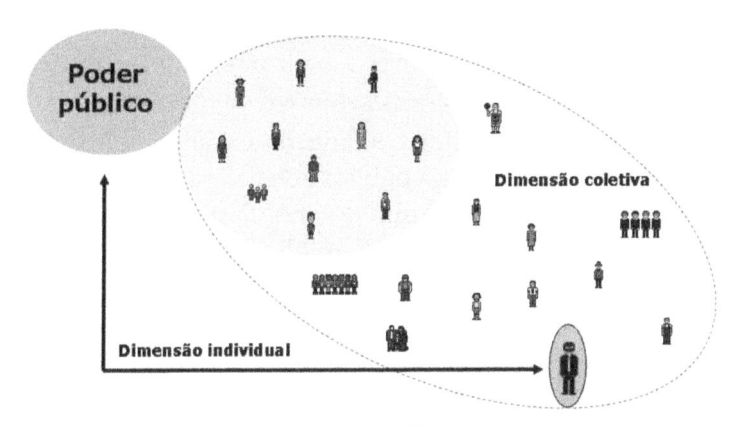

Figura 1 – Relação entre poder público e cidadão nos planos individual e coletivo

Podemos também observar que a dimensão coletiva é bem ampla e, dentro dela, simbolizamos – no espaço amarelo – as relações que ocorrem em um ambiente mais formal e organizado, por exemplo, num conselho. Contudo, nem todas as relações que acontecem no plano coletivo estão organizadas e bem delimitadas. É claro que o esquema proposto na figura é bastante reduzido para dar conta de todas as complexas e intrincadas relações que os cidadãos estabelecem em seu plano coletivo, formando muitas associações diferentes para os mais diversos propósitos. Nesse plano coletivo irão se manifestar e entrar em conflito múltiplos desejos e interesses que estão o tempo todo sob debate. Podemos, então, dizer que há uma permanente tensão entre o que se manifesta no plano individual, privado, de cada cidadão ou cada grupo em particular, e uma dimensão coletiva mais ampla, pública, por onde passam interesses divergentes.

O desafio da comunicação do poder público com os cidadãos, num contexto democrático, é dar conta, de modo coerente, das relações tanto no plano individual quanto no plano coletivo. Na dimensão coletiva, onde se dá o debate de questões publicamente relevantes, o poder público precisa desenvolver uma interlocução com grupos de cidadãos, mais ou menos organizados, que se mobilizam em torno de seus interesses pelas causas que consideram importantes.

Assim como em todo o conjunto da administração pública, os órgãos de segurança pública e de defesa social também se veem diante desse mesmo desafio. Basta lembrar que o Artigo 144 da Constituição da República Federativa do Brasil define a segurança pública como "dever do Estado, direito e responsabilidade de todos" (BRASIL, 2001). A introdução de um ideário de polícia comunitária, já corrente em outros países, veio reforçar a importância de uma maior proximidade entre a polícia e os públicos, abrindo para isso canais de interlocução, como os conselhos comunitários. Isso passou a exigir uma boa compreensão dos processos contemporâneos de mobilização social.

A mobilização social como fator da prática de polícia comunitária

De que maneira podemos compreender a mobilização social como um fator importante para a prática de polícia comunitária? Para responder a esta pergunta, primeiro vamos nos lembrar de alguns dos principais elementos que caracterizam um projeto de polícia comunitária:

- *Participação e engajamento dos cidadãos* de uma localidade na prevenção de crimes e atos de violência, visando aumentar e manter a segurança na localidade. Isso envolve a cooperação dos cidadãos em atitudes preventivas e a colaboração com o trabalho policial no sentido de diagnosticar e solucionar problemas.

- *Envolvimento e parceria institucional* de outros órgãos do poder público, de empresas, da imprensa, de organizações não governamentais, de associações e grupos cívicos diversos que atuam naquela localidade, compartilhando responsabilidades em relação à segurança pública. Tendo em vista que os problemas de segurança que afetam os cidadãos de uma localidade são complexos e dependem de abordagens de múltiplos setores (saúde, educação, etc.), torna-se necessário mobilizar os recursos de diversos setores sociais ao mesmo tempo.

Ao abrir canais de interlocução com a população de uma localidade, a polícia se vê diante de três questões importantes:

1) Conhecer a forma como a população local se organiza e se mobiliza em relação às questões de seu interesse. Vimos, no capítulo anterior, que o conjunto de uma população local pode constituir mais de uma comunidade, ou seja, o local pode abrigar interações bem complexas entre formas de sociabilidade bem diferentes. Assim, o primeiro problema é definir quais unidades se formam a partir de interesses comuns que se manifestam na localidade. Uma das maneiras de visualizar isso é compreender a forma de organização das pessoas em grupos: o modo como se associam, se mobilizam e com que objetivos. As formas de mobilização social numa localidade definem os tipos de organização comunitária que se arranjam de acordo com os objetivos e os interesses comuns dos variados grupos que a compõem. Por isso, a interação comunitária depende da detecção desses grupos e do seu reconhecimento como legítimos na interlocução com o poder público.

2) Assumir sua responsabilidade de facilitadora de um processo mobilizador. Se a expectativa for engajar os cidadãos e instituições da sociedade civil em processos de cooperação para solução de problemas de segurança pública, a polícia deve ter a seu cargo convocar esses atores, chamá-los à participação. Isso pressupõe não apenas fazer ampla divulgação das oportunidades de interlocução, mas inclui também:

(a) dar publicidade às principais questões com as quais se defronta naquela localidade, estimulando o debate cívico;

(b) gerar um ambiente propício para a conversação, para a escuta dos públicos e para a discussão sobre os seus problemas;

(c) prestar informações sobre as suas ações;

(d) compartilhar sentimentos, conhecimentos e responsabilidades acerca da causa comum da segurança pública.

Assim, a polícia passa a ser, ela própria, uma *facilitadora* no sentido de gerar uma mobilização em torno de questões de segurança pública na localidade, oferecendo a oportunidade de encontro e interlocução entre diversos atores. A facilidade com que a polícia desempenhará essa tarefa depende, no entanto, de vários fatores que irão variar de acordo com cada localidade, alguns dos quais são: o nível de organização comunitária, a existência de lideranças mais expressivas, a imagem que possui junto à população e até mesmo a própria sensação de segurança ou insegurança experimentada pelos habitantes locais em dado momento.

3) Atuar como mediadora numa mobilização interinstitucional e intersetorial. Isso significa conclamar, junto com os representantes das comunidades envolvidas, a participação e a colaboração de outros setores do poder público, de instituições privadas e também de organizações não governamentais e associativas diversas. Isso acontece no sentido de arregimentar os mais diversos recursos para a execução de projetos desenvolvidos com a comunidade para a solução de problemas específicos. Nesses termos, a polícia é um entre os vários atores sociais que divide responsabilidades em relação às condições de vida e de segurança da população da localidade. Uma boa parte das soluções para problemas de segurança pública não passa exclusivamente pela atuação da polícia. A melhoria do ambiente naquela localidade pode demandar intervenção nos espaços urbanos, solução de problemas de transporte e trânsito, intervenções nas áreas de educação, solução de questões sanitárias. Por isso, é fundamental que os programas de polícia comunitária consigam mobilizar recursos intersetoriais, dentro e fora da administração pública.

Se, dentro dos princípios mais gerais da filosofia de polícia comunitária e de sua inserção num quadro de inovação institucional, a mobilização social alcança tamanha importância, o mesmo se dá num nível mais específico da concepção e implementação prática de projetos e programas de polícia comunitária. Polícia comunitária envolve uma série de práticas que buscam aproximar a polícia dos cidadãos. Mas isso não pode ser visto apenas em seu sentido mais operacional, nem mesmo como uma simples forma de melhorar a sua imagem junto à população. Ao se referir direta e explicitamente à organização comunitária em torno da causa da segurança pública, a ação prática envolve três grandes vetores distintos que constituem esses programas: *autoajuda, controle social* e *parceria decisória*. A prática de polícia comunitária pode encerrar-se num desses vetores ou fazer uma combinação entre eles, onde os objetivos mobilizadores são diferentes, em cada caso, com alcance e expectativas também diferentes. Vejamos cada um deles:

1) Autoajuda: Um programa de autoajuda tem como pressuposto a capacidade dos cidadãos de criar condições de autoproteção. Sob esse ponto de vista, é fundamental que cada pessoa tenha acesso a informações e conhecimentos que podem ser úteis para manter determinadas atitudes cooperativas em relação à prevenção de atos violentos e crimes. O Plano de Polícia de Resultados da Polícia Militar de Minas Gerais ressalta, por exemplo, a importância dessa dimensão:

> Existem programas implementados em todo o mundo que direcionam os cidadãos a adotarem ações de autoproteção ou medidas preventivas. Dentre elas destaca-se a promoção de campanhas publicitárias que informem a população sobre cuidados que possam evitar a constituição do chamado "alvo óbvio" (MINAS GERAIS, 2002a, p. 18).

A diretriz da PMMG que orienta a implantação de polícia comunitária enfatiza não apenas os aspectos de autoproteção, mas também um papel de cooperação para a prevenção e solução de crimes:

[...] a polícia utiliza-se dos "olhos e dos ouvidos" dos residentes e usuários do bairro com a finalidade de potencializar sua capacidade de prevenir crimes e manter a ordem. Esta é a filosofia básica da maioria dos programas participativos de prevenção (MINAS GERAIS, 2002c, p. 15).

Esse vetor se refere, portanto, à colaboração entre os cidadãos – e deles com a polícia – em atividades de prevenção. O caráter preventivo da prática de polícia comunitária envolve o estímulo e a orientação para que os cidadãos numa localidade possam se engajar ativamente em atividades de prevenção à criminalidade. Isso parte do seguinte pressuposto: atitudes individuais são importantes, mas não suficientes para criar melhores condições de prevenção à criminalidade e à violência. Esse estímulo a uma atenção coletiva e colaborativa frente aos problemas de segurança tende a aumentar e a melhorar os vínculos de proximidade e vizinhança por meio da ajuda mútua. Um bom exemplo desse tipo de mobilização é a constituição de redes de vizinhos. A ação cooperativa entre os moradores de uma rua, vila ou bairro, para a vigilância mostra-se uma atitude preventiva e eficaz em muitos casos. Há também iniciativas da polícia no sentido de orientar síndicos e funcionários de condomínios quanto a questões de segurança.

2) Controle social: Fundamenta-se nas chamadas "abordagens ecológicas do crime e da delinquência", que dão especial atenção aos fatores ambientais como explicação para o fato de certas áreas urbanas serem mais violentas do que outras. A chamada Escola de Sociologia Urbana de Chicago, na década de 1940, buscava explicações para a criminalidade nas grandes cidades em fatores estruturais das localidades – nas características particulares da vizinhança. Esse arcabouço teórico ficou conhecido como "teoria da desorganização social". Estudos pioneiros como os de Clifford Shaw e Henry McKay (1969) associaram as altas taxas de criminalidade em algumas localidades ao contexto de desorganização social na qual estavam imersas, ou seja, a carência de mecanismos de controle social – formais ou informais – criava condições mais propícias para a violência e o cometimento de crimes.

Essa ideia teria grande influência posterior na composição dos princípios de polícia comunitária. Seu desdobramento em várias pesquisas empíricas sobre a criminalidade, principalmente nos Estados Unidos, acentuou ainda mais a percepção de que os ambientes sociais desorganizados derivam do enfraquecimento dos laços de sociabilidade baseados numa "comunidade", ou seja, dos laços de amizade tradicional, das lealdades baseadas numa inter-relação comunal. A erosão da organização social comunitária, derivada da heterogeneidade populacional e da intensa mobilidade nos espaços urbanos seriam fatores cruciais que criam dificuldades para que os residentes de certas áreas possam alcançar objetivos de forma compartilhada e, além disso, uma incapacidade de realizar valores comuns e manter, assim, um controle social efetivo, por exemplo, sobre o comportamento dos jovens. Ou seja, laços de sociabilidade mais coesos numa vizinhança tendem a gerar maior capacidade de exercício de um controle social informal. Isso reforça o papel da organização comunitária como elemento fundamental para o envolvimento e a participação da população local nas discussões dos problemas que afetam a convivência e podem relacionar-se à violência e à criminalidade (KASARDA; JANOWITZ, 1974; SAMPSON; GROVES, 1989).[12]

É patente que a dimensão de controle social da filosofia de polícia comunitária implica uma vigilância dos próprios

---

[12] Vários estudos sobre delinquência juvenil e formação de gangues nos ambientes urbanos reforçaram as noções desenvolvidas pela abordagem da desorganização social, além das pesquisas pioneiras de Shaw e McKay, como os de Glen Curry e Irving Spergel (1988). Tais estudos têm inspirado muitas iniciativas recentes ligadas principalmente a uma intervenção mais direta junto à população jovem em localidades consideradas mais vulneráveis, através de projetos sociais e culturais. O Programa "Fica Vivo", em Minas Gerais, é um exemplo. Mais recentemente, tais ideias têm se articulado com a teoria do capital social, como se nota em Robert Sampson (2004). Também essas abordagens têm tido grande influência nas atuais políticas voltadas para prevenção e para a solução pacífica de conflitos.

moradores sobre o seu ambiente e uma espécie de regulação informal do comportamento dos que cometem alguma infração às normas. Mas, como adverte Beato Filho *et al.* (2007), há também a necessidade de fortalecer as articulações entre os aspectos de controle informal e o controle formal que a polícia exerce. Sob o segundo aspecto, a filosofia de polícia comunitária como orientadora do policiamento é fundamental, principalmente no que se refere à participação em instâncias para solução conjunta de problemas e para a *accountability* da própria atividade policial (como nos Conselhos Comunitários de Segurança Pública).

Programas de polícia comunitária com frequência buscam dar estímulos ao desenvolvimento de instituições e fóruns comunitários. Muitas vezes propõem os próprios Conselhos Comunitários de Segurança Pública como instâncias facilitadoras da organização coletiva na localidade. A mobilização de pessoas e instituições em torno de práticas de educação, cultura e lazer para os jovens também é um recurso comum a projetos de polícia comunitária, principalmente nas chamadas áreas de risco social. Muitas experiências têm associado os programas de polícia comunitária a programas de mediação para solução pacífica de conflitos.

Nesse vetor entra em jogo o fortalecimento dos meios de controle social da própria comunidade. A polícia comunitária parte, portanto, da premissa de que uma população mais bem organizada, mobilizada em torno das suas questões de segurança, fortalece os seus próprios meios para o exercício de um controle social informal e autônomo, ou seja, quanto maior o nível de organização e coesão da população local, maior será sua capacidade de gerar um ambiente em que os conflitos entre os sujeitos tenham maior chance de ser resolvidos pacificamente.

3) *Parceria decisória:* É um vetor fundamental, tendo em vista uma prática de democracia participativa. A constituição dos Conselhos Comunitários de Segurança Pública é muito

importante para a ação nos dois vetores já apresentados, mas só se complementa e efetiva quando constitui uma instância capaz de fomentar a discussão cívica em torno das questões de segurança, inserindo pessoas e instituições locais nos processos de diagnóstico, planejamento e avaliação, participando das decisões de interesse coletivo e assumindo a corresponsabilidade quanto a tais decisões. Os conselhos comunitários são instâncias próprias e legítimas para a efetivação da parceria decisória. Essas decisões conjuntas se referem não apenas a ações operacionais pontuais, mas também a projetos que objetivam melhorar as condições gerais de segurança na localidade. Além dos atores nele envolvidos, o processo de mobilização pode atrair outras parcerias importantes tanto do poder público quanto da sociedade civil.

Esse vetor tem sua importância crucial reconhecida institucionalmente, como na diretriz de polícia comunitária da Polícia Militar de Minas Gerais:

> A terceira categoria [parceria decisória], com certeza a mais importante, caracteriza-se pela participação ativa do público em todos os processos: planejamento local, ações preventivas e de orientação da comunidade, avaliação dos processos e participação nas decisões de interesse coletivo. Ao invés de serem apenas "olhos e ouvidos" a comunidade participa ativamente do planejamento local. Ao invés de consertar viaturas e reformar prédios, a comunidade atua na reeducação de suas ações, na reconstrução social do bairro, ou seja, ações de caráter essencialmente preventivas (MINAS GERAIS, 2002c, p. 16).

Não obstante, programas estruturados nesse vetor evidenciam as dificuldades e os dilemas na sua implementação mais efetiva. Esse é um ponto capital na definição dos conselhos comunitários e de suas formas de atuação. Os princípios mais gerais, que se referem principalmente às práticas de resolução conjunta de problemas, afirmam claramente a expectativa de um processo decisório que possa ocorrer em instâncias formais de interlocução entre a polícia e os representantes das comunidades.[13] Mas a força de deliberação desses conselhos é algo que, além de delicado, é controverso. Delicado porque é evidente a dificuldade da polícia de orientar-se por compromissos gerados nessa instância, aos quais tenha que responder. Isso se manifesta de várias formas, por exemplo, quando se faz referência à necessidade de mudança da cultura interna e de preparo dos policiais para lidar com a comunidade. Ou quando se refere à desconfiança na representatividade dos conselhos e dos seus membros. Controverso porque a questão do alcance deliberativo também é imprecisa: sobre o que se pode efetivamente deliberar em conjunto com representantes da comunidade? Quais são, nesse processo de deliberação, os papéis reservados à polícia e à comunidade? Essa tem sido uma questão importante que evidencia as possibilidades e os limites da própria filosofia de polícia comunitária.

Dessa forma, fica patente por que os programas de polícia comunitária requerem processos de mobilização social. De um lado, é por meio desses processos que os públicos locais podem autonomamente fortalecer seus vínculos a partir de questões públicas comuns, criar potência cívica necessária para a interlocução com o poder público, incluindo aí a polícia. De outro, a própria polícia precisa convocar os cidadãos à participação, não só no sentido operacional da cooperação nas atitudes e ações preventivas, mas também, de alguma maneira, para uma corresponsabilidade deliberativa em questões que envolvam a segurança pública.

---

[13] Podemos tomar como exemplo os princípios inscritos na Diretriz que orienta a polícia comunitária na PMMG, que deixam claro que há uma expectativa de condições efetivas para uma parceria decisória entre PM e comunidades, para resolução de problemas de segurança, o que é pressuposto dessa filosofia: "estabelecimento de um estilo de processo decisório baseado em estreita parceria dos órgãos da segurança pública com a comunidade" (MINAS GERAIS, 2002c, p. 3).

CAPÍTULO IV

A coletivização da causa da segurança pública

Como a definimos, a mobilização social é um processo que ocorre em função da constituição de *causas de interesse público*. Como observam Toro e Werneck (2004), pressupõe uma convicção coletiva de relevância, um sentido de público, ou seja, daquilo que convém a todos. Mas o problema está em compreender o que são essas causas e como podemos entender o interesse público que as define. A mobilização de diversos atores é, a um só tempo, a condição para que determinado problema, ou conjunto de problemas, seja reconhecido como afeto ao âmbito coletivo, e não individual e consequência desse processo de entendimento coletivo.

Um problema é sempre algo que percebemos em nossa realidade e que nos incomoda por alguma razão. Todos individualmente problematizamos aspectos da realidade à nossa volta. Mas um problema só terá existência concreta quando formos capazes de enunciá-lo e comunicá-lo a outros sujeitos. E cada um de nós tem a sua própria forma de ver a realidade, portanto, de problematizar as coisas. Por isso, o que é problema para uma pessoa pode não ser para outra.

Assim, podemos observar que, para que um problema alcance uma dimensão coletiva, é necessário haver um processo de compartilhamento das percepções de um sujeito com outros sujeitos, de maneira que consigam um acordo quanto à situação percebida e possam, assim, formular e enunciar em comum o que os incomoda.

A causa (o motivo, a razão) de um processo mobilizador tem que ser formulada em termos que possam ser aceitáveis tanto para o grupo que percebe e é atingido pela situação-problema, como também para outras pessoas ou grupos aos quais a situação será apresentada. Dessa forma, devemos estar atentos ao modo como se formam as causas sociais, ou seja, como um problema, que pode estar restrito à percepção individual ou afetar apenas uma pessoa ou grupo restrito de pessoas, de modo particular, torna-se algo de interesse coletivo e público. A esse processo chamamos de *coletivização*. É fundamental, para isso, compreendermos como é formado o interesse público.

Coletivização: a formação do interesse público e a constituição de causas sociais

Em nosso cotidiano é comum usarmos o termo "interesse público". Esperamos que o exercício político se dê em nome do interesse público. Para que possamos compreendê-lo, é necessário nos determos inicialmente no sentido da palavra "público". Uma forma comum de definir o que é *público* é pela oposição ao que é *privado*. Um bem público é todo aquele cuja propriedade não seja definida como particular nem esteja restrita a uma pessoa ou grupo identificável. Mas há também outros sentidos importantes. O dicionário registra vários significados do adjetivo *público*:

> Referente à coletividade ou a esta destinado (ensino público /saúde pública) [Antôn.: privado.]; referente ao governo de um país (cargo/homem público) [Antôn.: privado.]; que é

conhecido ou foi presenciado por todos: O senador sofreu uma agressão pública; aberto ou acessível a qualquer pessoa (concurso público / mulher pública); que se realiza na presença de várias pessoas: Fez uma leitura pública do testamento (Dicionário Aulete Digital).

Público pode ser aquilo que potencialmente todos acessam. Também pode ser definido como tudo aquilo que se opõe ao segredo, ou seja, tudo a que damos *publicidade*. Nesse sentido, publicidade se refere à *visibilidade*. Quando falamos de uma questão ou problema público estamos nos referindo a algo que pode ser reconhecido por todos porque, ao menos potencialmente, é algo visível ou afeta a todos. José Bernardo Toro e Nísia Werneck (2004, p. 32) assim o definem: "entendemos [...] a construção do público como a construção do que convém a todos, como resultado de uma racionalidade genuinamente coletiva".

Nem sempre é fácil fazer uma distinção entre o que é público e o que não é. A qualidade do que é público está sempre em tensão com o que definimos como próprio de nosso âmbito privado. Todas as sociedades, em cada momento histórico, se defrontam com os dilemas de definir o que é individual e o que é coletivo – e, portanto, dos interesses que correspondem a essas duas esferas. É exatamente desse embate ou dessa tensão que se define continuamente o interesse público.

Vejamos um exemplo de como se manifesta a diferença entre um problema nas dimensões privada e pública. O ato de fumar pode ser considerado um problema privado? Se nos basearmos em diversos estudos sobre os malefícios que o cigarro pode causar à nossa saúde, poderemos problematizar esse ato no domínio individual. Mas será que esse problema, nos dias atuais, se esgota apenas no âmbito individual e privado de cada sujeito? Certamente não. Se pensarmos numa dimensão mais ampla, veremos que os movimentos que defendem a causa antitabagista procuram todo o tempo posicionar o problema como algo que afeta não só cada fumante, em sua individualidade, mas causa transtornos a toda a coletividade. Eles se utilizam de argumentos tais como os danos causados ao ambiente próximo dos fumantes, os custos de tratamento de doenças relacionadas ao tabagismo pelo sistema público de saúde, etc. Essas são questões que, para ser resolvidas, não dependem apenas da conscientização de cada fumante em particular, mas de ações que devem ser operadas pela sociedade como um todo – na definição das políticas públicas de saúde, na formulação de leis restritivas, na execução de programas educativos amplos. Podemos facilmente perceber que, em relação a essa questão, os interesses de cada fumante podem entrar em choque com os interesses dos não fumantes, mas, ainda além, os interesses de grupos específicos, como o dos produtores de cigarro, podem entrar em conflito com os interesses de outros grupos, como o dos antitabagistas. Qualquer um dos interesses particulares pode entrar em choque com interesses postulados publicamente como mais amplos, ou seja, aqueles que poderiam ser considerados como os interesses de toda a sociedade.[14]

Pelo exemplo anterior, vemos que o interesse público é sempre gerado pelo *conflito*. Para José Bernardo Toro e Nísia Werneck (2004, p. 33), a viabilidade de um governo democrático "provém da capacidade das instituições refletirem os interesses contraditórios de todos os setores sociais". Por isso, "a democracia supõe a presença do conflito de interesses entre os diferentes setores, mas supõe que esses conflitos possam ser superados através da deliberação, da participação e da negociação e consenso transparente para alcançar benefícios comuns que se expressam em forma de programas, leis e instituições que obrigam e servem a todos (o público)" (TORO; WERNECK, 2004, p. 34).

O conflito de interesses se manifesta publicamente, ou seja, num debate *visível* entre diferentes razões apresentadas

---

[14] Em MENEZES (2003) temos um estudo interessante sobre este assunto, abordando os posicionamentos das organizações frente aos questionamentos públicos de vários atores sobre o tabagismo.

pelas pessoas ou grupos. A visibilidade é, portanto, um recurso essencial para que os sujeitos participem desse debate, proponham temas e posicionem seus interesses quanto aos temas debatidos. O que, em cada momento, se apresenta como interesse público depende de dois fatores básicos: que as questões sejam expostas publicamente (visibilidade) e consideradas como coletivamente relevantes (amplitude).

Para entendermos melhor a questão da visibilidade, precisamos pensar sobre dois aspectos: onde ela se dá e quais são os meios para que possamos utilizá-la como recurso num processo de coletivização. A visibilidade se dá em um ambiente ao qual podemos chamar de "esfera pública". É nesse ambiente que ocorrem os embates, os conflitos de interesse, em que são apresentados – tornados públicos – argumentos e razões que emergem das diferentes formas de perceber e problematizar aspectos da nossa realidade. Para Wilson Gomes (1998, p. 155), a esfera pública é uma dimensão da vida em sociedade em que "interesses, vontades e pretensões que comportam consequências concernentes a uma coletividade apresentam-se discursivamente e argumentativamente de forma aberta e racional". De modo geral, esse conceito se refere ao campo de uma negociação entre interesses, em que se manifestam posições divergentes sobre os mais variados temas, formando vontades coletivas que se expressam por meio de uma opinião pública. É um fluxo intenso de comunicação em que se manifesta a diversidade de opiniões, que podem se condensar em uma opinião pública, se os sujeitos forem capazes de chegar a certos acordos acerca das controvérsias nas quais se engajam.

E quais são os meios para usarmos o recurso da visibilidade? Nas modernas sociedades contamos com vários dispositivos de visibilidade. Além dos meios tradicionais, através dos quais podemos expor nossas questões diretamente a algumas audiências, em situação de copresença, temos que considerar todo o vasto conjunto de meios de comunicação. Cada vez mais, as informações que fluem por esses meios

– habitualmente chamados de *mídia* – influenciam nossas percepções sobre os vários problemas abordados.

A todo momento estamos recebendo informações, notícias sobre questões tanto locais quanto globais, mais distantes da nossa realidade imediata. Ouvimos opiniões diversas que nos ajudam a nos situar diante dessas questões. Trocamos ideias e opiniões – informações – com outras pessoas usando instrumentos de telecomunicações, como o telefone, mensagens eletrônicas, etc. e expressamos nossos gostos, nossas preferências e nossos interesses na Web, em *blogs*, sítios de relacionamento, etc. Tendo isso em vista, nossas percepções são afetadas por informações advindas de diversos meios. Como destaca Rennan Mafra (2006, p. 40), "em decorrência das novas possibilidades de transmissão de informações, imagens e conhecimentos, a mídia, hoje, é fundamental para a existência de um debate público".

Os movimentos sociais ou os projetos mobilizadores, em geral, buscam chamar a atenção da imprensa com o intuito de defender suas causas, bem como para convocar outras pessoas ou grupos à mobilização: "através da mídia, projetos de mobilização podem não só ganhar visibilidade pública como também expandir a constituição de um novo público em formação" (MAFRA, 2006, p. 40).

O que vemos, portanto, é uma realidade na qual a visibilidade direta mostra-se insuficiente como recurso para a coletivização. Dependemos cada vez mais de uma visibilidade *mediada*. Para isso, é fundamental o acesso aos meios de comunicação. Podemos considerar que a mídia é também uma arena de troca e disputa de opiniões e argumentos, e a visibilidade que proporciona é fundamental para expressar os interesses em conflito, portanto, ao processo de coletivização, independentemente da causa.

Vários estudos sobre mídia e política ressaltam a importância de considerarmos os meios de comunicação como elementos fundamentais para a configuração do cotidiano e da politização das questões que ali acontecem. Rousiley Maia (2006) destaca que grande parte das informações que necessitamos como cidadãos, com a intenção de tomar decisões e agir na esfera política – escolher os nossos representantes e participar das instâncias de discussão e formulação de políticas públicas, por exemplo, articula-se rotineiramente com os meios de comunicação, e a nossa conversação cívica "extrai insumos tanto de noticiários e programas de natureza informativa, quanto daqueles de entretenimento e ficção que colocam em cena experiências, conflitos e lutas concretas de indivíduos e grupos na sociedade". Ela aponta ainda que os meios de comunicação "reconfiguraram a sociedade de modo profundo, durável e irreversível" e "promoveram uma reorganização dos processos de aprendizagem, de conversação cívica e de mobilização" (MAIA, 2006, p. 13).

Podemos depreender, então, que a formação do interesse público é sempre *instável*. Depende de como se processam as controvérsias na esfera pública, gerando entendimentos coletivos sempre *provisórios* sobre o que se põe em questão. Em qualquer momento esses entendimentos podem ser postos novamente sob exame, opiniões podem ser revistas, realimentando as controvérsias e pondo em xeque todo um conjunto de interesses que se expressam publicamente. Isso quer dizer que o interesse público nunca é algo acabado.

Se assim for, o processo de coletivização também deve ser visto como *provisório* e *instável*. Gerar e posicionar uma causa na esfera pública é um desafio que pressupõe permanente envolvimento nos dilemas morais e nas controvérsias que cercam o problema e, ainda, nas formas de concebê-lo e propô-lo ao conjunto da sociedade, onde os atores envolvidos no debate precisam continuamente produzir ou rever seus argumentos e discursos. Isso é fundamental para uma boa compreensão da dinâmica da mobilização social. O processo de coletivização acontece quando as percepções e ações se deslocam *todo o tempo* do interesse individual para o coletivo, quando os problemas são percebidos e tratados como de todos e quando se permite visualizar um entendimento comum desses problemas.

A grupalização: desenvolvimento da mobilização dos diversos atores em função de uma causa

Com o que já vimos, podemos dizer que o processo de coletivização é a base para a geração de qualquer projeto de mobilização social, na medida em que não pode haver tal mobilização sem uma causa claramente identificável, proposta publicamente. No entanto, o processo de coletivização não se completa sem um processo de *grupalização* – formação de grupos dispostos a defender a causa, iniciar a mobilização, gerar e manter as condições para que o processo coletivo realmente ocorra. Uma vez formado um grupo capaz de se identificar com a situação-problema e de abraçar a causa, é da própria lógica do processo de mobilização a demanda por ampliação da participação e do engajamento, conquistando a adesão de outros públicos, pessoas e grupos com os quais seja possível compartilhar sentimentos, conhecimentos e responsabilidades. O termo "grupalização" é usado na psicologia social a partir das perspectivas de autores da área, como Enrique Pichon-Rivière (1986) como o processo de transformação de um *agrupamento* qualquer em um grupo, capaz de promover transformação e mudança.

Contudo, também já percebemos que o processo de coletivização é instável. Por isso mesmo, esses grupos que se formam e se mobilizam têm o desafio de se manter relativamente estáveis em meio à dinâmica sempre provisória da coletivização. Esse é um dos principais aspectos que precisamos levar em conta para compreender a mobilização social num quadro mais amplo e duradouro.

Vamos examinar, então, quais são as principais condições de coletivização para a formação e manutenção de um grupo mobilizado. Nenhuma causa social se forma e se sustenta sem que um grupo que a defenda componha razões que a justifiquem e sem a exposição pública dessas razões. Mas os argumentos utilizados devem ser de tal forma aceitáveis que possam convencer outras pessoas e grupos de algumas condições essenciais: concretude, caráter público, viabilidade e sentido amplo, que examinaremos em seguida.

1) Concretude: O problema percebido deve se apresentar como um problema concreto. As pessoas devem ser capazes de reconhecer aquela situação como problemática. Como já vimos, a problematização é, em princípio, um ato de cada sujeito. Isso significa que o que é problema para um pode não ser para outro, ou esse problema pode ter dimensões e implicações diferentes de pessoa para pessoa. Alguns problemas que nos são apresentados podem dizer respeito a situações que nos afetam diretamente. Nesse caso, o fato de estarmos implicados pode gerar um compartilhamento da situação problematizada. Em outros casos, quando não estamos concernidos, mesmo assim podemos admitir as implicações *indiretas* daquela situação para o conjunto da sociedade e gerar um sentimento de solidariedade e de corresponsabilidade em relação àqueles que nela se implicam.

2) Caráter público: Apenas reconhecer a existência de um problema não é condição suficiente para que possamos compreendê-lo em sua dimensão coletiva, pública. Indiferentemente de estarmos implicados ou não na situação-problema, é preciso que estejamos convencidos do caráter público da causa. Essa é a própria essência do processo de coletivização. As questões que cercam a violência e a criminalidade são bons exemplos. Se formos vítimas de alguma violência, podemos compartilhar a situação-problema com outras pessoas que também tenham sido afetadas de forma semelhante. Daí pode nascer um processo de coletivização de uma causa (contra a violência, pela paz) e, consequentemente, de mobilização social. Nossa percepção comum da concretude desse problema é uma base importante para a sustentação dessa causa. Por outro lado, se não fomos vitimados, mesmo assim podemos nos solidarizar com aqueles que o foram e abraçar a causa de um grupo que se mobiliza contra a violência, acreditando que tal situação é real, concreta para aqueles que a vivenciam. Para isso, temos que entender o problema da violência como uma questão coletiva para a qual toda a sociedade tem que estar atenta e que é de responsabilidade de todos os cidadãos. Temos que vê-la como objeto da formulação de políticas públicas e como algo que envolve a união de esforços e a cooperação para ser solucionado.

3) *Viabilidade:* Ao apresentarmos publicamente uma situação-problema, temos que gerar argumentos que demonstrem a viabilidade para compartilhar e lutar pela sua solução. É preciso convencer os indivíduos de que alguma mudança pode ser alcançada, apesar das dificuldades e da quantidade de tempo que isso exija, e de que a ação conjunta é vantajosa e compensadora. Mais do que isso, dependendo do problema a ser resolvido, é fundamental apresentá-lo como capaz de vencer o sentimento de impotência.

4) *Sentido amplo:* Uma causa não pode ser apresentada apenas em relação às características mais imediatas do problema e aos aspectos mais pragmáticos das ações que são propostas para resolvê-lo. Como já vimos, a construção de um problema coletivo e de um processo mobilizador envolve uma intensa discussão acerca de diferentes discursos e visões. A busca de um entendimento comum sempre passa pelo debate de posições distintas dos vários sujeitos e grupos, além de tocar em dilemas que muitas vezes são de ordem moral. Isso porque sempre inserimos as nossas percepções dos problemas dentro de juízos que fazemos a partir de quadros de valores que consideramos mais importantes. Inserir a questão num quadro de valores mais amplo, como "qualidade de vida", "justiça", "paz", etc. tende a facilitar o compartilhamento de ideais, além de criar um horizonte mais amplo no qual a luta conjunta faz sentido para os que dela participam. Além de ser uma condição importante para que se crie alguma coesão em

torno de valores, a construção desse sentido amplo provê o compartilhamento de um imaginário que se torna fundamental para convocar outros sujeitos a participar da mobilização e para manter a motivação do grupo em torno da causa – apesar de todos os obstáculos. José Bernardo Toro e Nísia Werneck (2004, p. 38) destacam algumas ações importantes para estruturar um projeto mobilizador. Além da formulação de um horizonte ético que dê sentido à mobilização, os seus propósitos precisam ser explicitados sob a forma de um "imaginário convocante", que os sintetize de forma atraente e válida. Isso porque a expressão do sentido e da finalidade da mobilização deve tocar a emoção das pessoas: "um imaginário é uma fonte de hipóteses que provê as pessoas de critérios para orientar a atuação e para identificar alternativas de ações" (2004, p. 38). Entre outros exemplos, os autores destacam o imaginário proposto por Moisés ao povo judeu para a saída do Egito, descrito por Isaías:

> Vamos para uma terra onde jorram leite e mel, [...] uma terra boa e espaçosa onde habitarão juntos o lobo e o cordeiro e o leopardo deitar-se-á ao lado do cabrito, o bezerro e o leãozinho pastarão juntos e um menino os poderá tanger (Toro; Werneck, 2004, p. 38).

A coletivização de causas relativas à segurança pública: principais desafios

Até aqui já foi possível compreender que o processo de coletivização pressupõe uma tensão entre as posições individuais e coletivas no entendimento dos problemas e na proposição de causas que se baseiam nesses problemas. Também já vimos como isso se manifesta em relação às causas relativas à segurança pública. Mas ainda podemos apontar algumas das principais questões que envolvem a proposição dessas causas em processos de polícia comunitária, tentando perceber seus principais desafios mais específicos nesse sentido. Para isso, sem pretender esgotar todos os desafios, vamos dividir nosso raciocínio em dois pontos para exame: a *problematização* e a *visibilidade pública*.

Desafios quanto à problematização

Como vimos anteriormente, toda causa nasce de um processo de problematização. A geração de uma problematização coletiva depende do compartilhamento do problema entre os sujeitos, gerando alguns entendimentos comuns. Vejamos algumas situações que podem ocorrer nesse processo.

Alguém – pode ser uma pessoa, um grupo ou mesmo uma instituição – enuncia o problema a um grupo maior de pessoas, buscando sensibilizá-las e mobilizá-las. A questão é: sob que condições esse ator específico tenderá a ser mais bem-sucedido? Parece evidente que essas condições estariam ligadas intimamente à *credibilidade* desse ator para enunciar e propor o problema como coletivo. Mesmo que os demais acreditem no problema exposto, teria *legitimidade* suficiente para propô-lo como um problema coletivo *e público*? Aí já estamos diante de uma questão mais ampla, pois envolve o entendimento das pessoas e dos grupos sobre o que são, em cada situação, os interesses privados e públicos. Como essa é uma tensão permanente, nem sempre se consegue visualizar com clareza os limites, e isso pode gerar desconfiança quanto às intenções do propositor, bem como de qualquer outro ator que decida aderir à causa. Essa é uma questão que se resolve no fluxo da própria mobilização. Cada grupo que se mobiliza está o tempo todo demonstrando suas condições de legitimidade dentro do que considera aceitável.

Sob a perspectiva tanto interna quanto externa ao grupo, a legitimidade depende não somente da credibilidade de quem propõe a causa ou assume sua liderança, mas também das condições de aceitação que se criam a partir das leituras constantes dos vários interesses em disputa. Se assim for, entendemos que a credibilidade, a aceitação e a legitimidade são *construídas todo o tempo*, e não dadas de antemão.

Vejamos um exemplo: quando são instituídos fóruns como os conselhos comunitários de segurança pública, sob determinadas regras de composição, é prevista a participação de um conjunto de atores que são considerados, *a priori*, como legítimos parceiros na interlocução, incluindo aí a Polícia. No entanto, no funcionamento cotidiano e no decorrer da conversação, apenas isso não é suficiente para garantir todas as condições de legitimidade, inclusive da própria Polícia. Tais condições precisam ser construídas e reconstruídas num esforço contínuo do grupo mobilizado. A Polícia, ao implantar projetos de polícia comunitária, torna-se propositora de causas de segurança pública e assume um papel mobilizador. Mas em que medida ela tem condições de fazer isso?

Qualquer pessoa, grupo ou instituição pode propor causas relativas à segurança pública. A questão é saber quem, em determinadas situações, possui as melhores condições para isso. Essas condições incluem uma visão mais ampla e a geração de conhecimentos sobre os problemas que compõem essas causas. A Polícia tenderá a ter um corpo maior de dados e de conhecimentos especializados sobre as situações de violência e criminalidade e, por ser um agente público, um melhor entendimento sobre a dimensão coletiva do problema. Por isso mesmo, reúne algumas condições essenciais para iniciar um processo mobilizador, propondo as causas de segurança pública numa localidade. No entanto, nem sempre ela reunirá naquela localidade as condições de aceitação e legitimidade necessárias para isso. Isso pode ocorrer por vários motivos como o seu histórico de relacionamento com aquela comunidade, postura inadequada de seus agentes, desconfiança em relação aos seus propósitos, etc.

Por outro lado, há situações em que a própria comunidade se mobiliza em relação a alguma causa de segurança pública e decide demandar da Polícia uma atuação em relação aos problemas apontados. Certas localidades possuem grupos bastante mobilizados em torno de várias questões, que, por isso mesmo, tomam iniciativas para resolvê-las. Nesse caso, sob uma filosofia de polícia comunitária, torna-se essencial para a Polícia participar ativamente da interlocução com esses grupos, não apenas reconhecendo os problemas apontados como também oferecendo a sua própria visão.

Quanto a esse desafio, é importante compreender que deve haver uma flexibilidade em relação aos projetos de polícia comunitária para que eles possam incluir formas diversas de proposição das causas, de interlocução com os diversos atores de uma localidade e de mobilização em torno das questões de segurança pública. Devemos também reconhecer que as comunidades são portadoras de conhecimentos sobre os problemas, que precisam ser agregados ao entendimento que a própria Polícia possui, para haver realmente um processo de construção conjunta e contínua.

Mas ainda há outra importante questão: quando ocorre a mobilização da Polícia e da comunidade, até que ponto se deve problematizar as questões de segurança pública? Em primeiro lugar, polícia comunitária deve basear-se em uma mobilização não eventual, mas permanente. A constante interlocução torna muito dinâmicas as causas relativas à segurança da localidade, ou seja, ao longo do tempo as formas de percepção irão variar bastante. Se mais conhecimentos sobre os problemas forem agregados a essas percepções, independentemente de resultados positivos ou negativos, maior será a dinâmica deste processo.

Outro fator considerável na construção do problema da segurança pública é delimitar sua abrangência. As discussões sobre os mais diversos problemas de criminalidade e violência apontam sempre para uma multiplicidade de fatores interdependentes. Assim, um problema de segurança pública possui muitos componentes, como educação, vida cultural e social da comunidade, condições sanitárias, infraestrutura urbana, transporte e serviços públicos essenciais, etc. Muitas vezes, questões mais estritas sobre a criminalidade e a violência não se apresentam como prioritárias ou relevantes, a menos que sejam vistas em articulação com as demais questões que naquele momento afligem a população.

É um desafio importante para a interlocução e a mobilização para causas de segurança pública que os problemas sejam entendidos em suas complexas inter-relações com problemas de outra natureza. Também é necessária uma boa compreensão sobre o que a população local, em cada momento, elege como suas prioridades, dentro de um vasto leque de problemas, buscando ver com clareza quais são as relações entre eles.

Desafios quanto à visibilidade

Como vimos, propor publicamente uma causa depende essencialmente de dar visibilidade ao problema que a constitui, construindo apelos que devem cumprir certas condições. No caso específico dos problemas de segurança pública, podemos apontar alguns dos obstáculos mais comuns:

(a) A visibilidade que esses problemas têm está ligada diretamente à sensação subjetiva de insegurança da população local. Ao contrário do que possa parecer, isso não tem necessariamente relação direta com os índices de criminalidade daquele local, ou seja, nem sempre teremos a situação de que as pessoas numa localidade de altos índices de criminalidade violenta se sintam mais inseguras do que em outra localidade, onde esses índices são menores. Isso depende de inúmeros fatores, para os quais contribuem: os tipos de crimes mais comuns e a forma como são praticados; aspectos da cultura local e dos valores ali partilhados, que afetam as percepções subjetivas sobre segurança/insegurança, paz/violência; o tipo de atuação da polícia naquele local, que pode ser mais ou menos repressiva, havendo histórico de atuação abusiva e, consequentemente, o grau de confiança que a população deposita nela; o grau de mobilização daquela população referente a diversas causas; a repercussão dos problemas de segurança nos meios de comunicação dentro e fora da localidade, etc.

(b) A visibilidade dos problemas de segurança pública não apenas acontece no nível *local*, mas também depende de fatores *globais*. Na sociedade em que vivemos, questões de segurança de outras localidades tornam-se visíveis rápida e facilmente, por meio da disseminação de notícias sobre as ocorrências. Nossa percepção sobre a segurança local é influenciada também por um conjunto de percepções de situações exógenas. E os problemas, embora distintos, tendem a ser comparados com o de outras localidades, que às vezes estão muito distantes. O desafio aqui é contrapor-se às visões genéricas, sem negligenciá-las, para tentar ver cada localidade em suas especificidades. Isso pode ser mais fácil em alguns momentos para a polícia, com sua visão mais especializada e com dados mais específicos que detenha sobre o local, do que para o cidadão comum.

(c) A visibilidade é, de certo modo, um recurso escasso em nossa sociedade. Para dar publicidade a uma causa ou a um projeto mobilizador, é necessário verificar quais são os meios disponíveis dentro da abrangência que se deseja atingir. Em muitas localidades esses meios podem ser bastante limitados, em termos do espaço e da atenção que podem dedicar à divulgação ou promoção daquela causa. Mesmo que haja muitas formas diretas de publicidade (volantes, faixas, cartazes, folhetos, páginas de Internet, *e-mail*, etc.), nossas mensagens disputam constantemente a atenção dos públicos, expostos a um enorme volume de informações, em todo momento. Ou seja, também disputamos uma atenção relativamente escassa. Assim, chamar à atenção e, além disso, captar o interesse comum das pessoas e grupos são grandes desafios que exigem a composição de estratégias mais adequadas para cada público com o qual se pretende interagir.

Como se vê, tais desafios impõem um ótimo preparo dos agentes policiais para a interlocução permanente com as populações locais, que devem ser sempre vistas e consideradas em suas particularidades. Atenção especial deve ser dada ao dinamismo da própria comunidade e das suas percepções quanto às causas que definem como de interesse público, em cada momento. Antes de mais nada, temos que compreender que todo o processo de coletivização – e, por conseguinte, de mobilização social – é sempre instável, sempre fruto de uma construção coletiva pouco previsível e de uma abrangência que extrapola os problemas estritos de segurança pública. Com isso, devem merecer permanente atenção os vínculos grupais que sustentam o processo de mobilização dos sujeitos entre si e deles com a causa que os mobiliza.

CAPÍTULO V

A geração de vínculos no processo de mobilização social

Um processo de mobilização só acontece quando se propõe publicamente uma causa que alcance o reconhecimento de que se trata, efetivamente, de uma causa de interesse público e quando as pessoas constituem um grupo mobilizado em torno desta causa. A formação de um grupo mobilizado, num processo que denominamos **grupalização**, visto anteriormente, depende do estabelecimento de *vínculos* entre os sujeitos. A comunicação possibilita a eles compartilhar as suas visões sobre a causa e entrar em acordos quanto aos seus propósitos comuns de transformação. Quais são esses vínculos e quais as estratégias para gerá-los e mantê-los?

Quando uma pessoa ou grupo restrito expõe publicamente um problema e propõe uma causa de interesse público, espera conquistar o interesse e a participação de um grupo maior, tanto de pessoas, isoladamente, quanto de conjuntos de pessoas já organizadas em instituições. Isso significa que, uma vez estabelecido um vínculo para aquele grupo já mobilizado, este tem a expectativa de gerar e manter vínculos com outras pessoas e grupos para além dele. Isso é próprio da lógica de qualquer processo mobilizador.

Mas, para todo grupo que se forma, será que os vínculos mantidos entre os seus componentes são iguais, com a mesma intensidade? Evidentemente, *não*. As pessoas e os grupos que se vinculam entre si num processo mobilizador fazem isso de modo diferente. Na medida em que possuem interesses distintos, tendem a assumir diferentes papéis.

A causa é um elemento fundamental para a geração de um vínculo comum, pois já vimos que deverá haver algum acordo em relação a ela. Mas, mesmo assim, o vínculo dos sujeitos com a causa mobilizadora pode variar em intensidade, em função das formas diversas de perceber o problema e de nele se envolver. Portanto, podemos considerar que a força desses vínculos pode variar para cada integrante de um grupo mobilizado e também pode variar ao longo do tempo, conforme o curso da própria mobilização.

O que seria, então, o vínculo ideal almejado pelos projetos de mobilização social? Seria um vínculo mais forte capaz de manter o grupo razoavelmente coeso, mesmo diante da instabilidade e do dinamismo do processo mobilizador. Alcançar esse grau de vinculação é, portanto, o que se busca quando se tem um projeto de mobilização social. É um desafio sempre presente, pois pressupõe um nível significativo de convicção em relação à causa e ao modo de lutar por ela e uma renovação do seu sentido de pertinência e relevância como problema público. Vamos examinar mais de perto, neste capítulo, o processo de vinculação e a busca deste vínculo ideal.

O estímulo à ação

Qualquer grupo mobilizado cria expectativas em relação à participação e ao envolvimento de seus membros e daqueles convocados. O que se espera é que as pessoas que defendam uma causa comum e venham a aderir ao projeto mobilizador consigam manter alguma unidade de ação e – para que as ações perdurem – possam continuar unidas e atuantes, mesmo diante das dificuldades e dos obstáculos encontrados no enfrentamento do problema.

Como vimos na própria definição de mobilização social, não basta que os sujeitos mobilizados compartilhem apenas os seus sentimentos e conhecimentos em relação à causa, mas que compartilhem também as suas *responsabilidades*. Na verdade, quando falamos de responsabilidade compartilhada, não pensamos apenas numa divisão de papéis e funções que cada um deve assumir, mas em algo que não se desvincula nem do sentimento nem do conhecimento em relação à causa. Isso significa que, num plano ideal, os sujeitos assumem ao mesmo tempo uma responsabilidade compartilhada em relação ao que gera aquele problema que se quer resolver e também às suas possíveis soluções; sentem-se efetivamente implicados naquela questão, mesmo que ela não os afete diretamente. O vínculo ideal da corresponsabilidade acontece quando os indivíduos se sentem efetivamente envolvidos no problema e compartilham a responsabilidade pela sua solução, entendendo a sua participação como uma parte essencial no todo. É gerada basicamente através de um sentimento de solidariedade.

Há duas condições iniciais para a formação deste vínculo ideal. A primeira é a de que os sujeitos devem conhecer bem o problema, de tal forma que consigam compreendê-lo como um todo e, dentro disso, visualizar a importância de sua ação, tanto nos aspectos individuais, ou seja, o que cada um pode fazer, quanto nos aspectos coletivos, que se referem ao potencial do grupo visto em seu conjunto. A segunda é a formação de um sentimento de *solidariedade*. É esse sentimento que permite que os sujeitos, mesmo não estando diretamente afetados pelo problema, possam ver-se como parte dele, levando em consideração o cenário social mais amplo, e possam colocar-se no lugar dos outros e enxergar os problemas sob as perspectivas desses outros.

E por que a corresponsabilidade é considerada como um vínculo forte? Quando se busca a corresponsabilidade, o que se espera é que as pessoas atinjam não apenas uma maior consciência de sua inserção no problema, mas também assumam um compromisso em relação àquela causa. A premissa é de que os sujeitos que dela estão imbuídos têm a tendência de manter um maior compromisso, mesmo que a luta pela causa possa, em vários momentos, parecer mais difícil ou até mesmo inviável. É claro que, junto à corresponsabilidade, existe um alto grau de idealismo, de força de vontade. Estes são elementos essenciais para os quais todo grupo mobilizado, mesmo intuitivamente, procura direcionar suas estratégias. Basta examinar a trajetória de qualquer projeto mobilizador, para ver que, diante dos altos e baixos próprios da mobilização, o grupo define e redefine formas para tentar realimentar os seus vínculos e promover o "esquentamento" da mobilização quando se faz necessário.

Com isso, afirmamos que qualquer grupo mobilizado tende a buscar atingir este nível de corresponsabilidade, e é neste sentido que tentará compor suas estratégias comunicativas, tanto para obter uma coesão interna quanto para convocar e absorver outras pessoas e grupos que com ele se mobilizem em prol de sua causa. Embora não seja o movimento em direção à corresponsabilidade um processo linear, mas essencialmente dinâmico e recursivo, procuramos, em trabalhos anteriores, desenvolver uma explicação didática sobre as condições necessárias para a conquista de níveis mais fortes de vinculação (HENRIQUES, 2004).[15]

Podemos dizer que o primeiro passo na construção de um projeto mobilizador é definir o seu *alcance*. É preciso ter uma noção de quais pessoas ou grupos queremos mobilizar e onde eles se localizam, dando uma noção de dimensão e de localização espacial desses possíveis públicos. Há projetos

---

[15] No livro *Comunicação e estratégias de mobilização social* apresentamos esta explicação na forma de uma escala de níveis de vinculação. Aqui não nos deteremos nas especificidades de cada nível, mas nas condições essenciais que definem o processo de mobilização.

mobilizadores bem localizados, numa localidade geograficamente delimitada, um bairro, uma cidade. Existem outros que têm uma dimensão nacional ou mesmo global. Uma correta noção dessa abrangência é essencial para termos uma boa visão dos públicos aos quais o projeto pretende se referir e, assim, obter maior sucesso na comunicação com eles.

A partir disso, deve-se constituir o esforço para comunicar a esses públicos as informações mais importantes e relevantes sobre o projeto, principalmente sua causa. É fundamental prover todos os públicos de informações acerca da mobilização pretendida: dados concretos sobre o problema a ser enfrentado e sobre as questões técnicas envolvidas. Também deve-se informar sobre a própria constituição do projeto mobilizador: quem propõe a causa, quem está mobilizado, que tipo de ações já estão sendo desenvolvidas. É fundamental fornecer informações precisas sobre o que as pessoas interessadas devem fazer caso queiram participar; por exemplo, elas precisam saber quem procurar e quais os tipos de participação e de contribuição são esperadas do projeto. A isso chamamos de *informação qualificada*. A informação qualificada é todo tipo de informação que possibilita a ação dos sujeitos num processo mobilizador. É essencialmente didática; deve instruir a todos sobre a causa e o projeto, além das formas de procedimentos desejadas e esperadas para que a mobilização realmente ocorra.

Como se vê, um primeiro desafio da vinculação é fazer com que os sujeitos passem da informação à ação. Mesmo pessoas e grupos que estejam muito bem informados sobre a causa e sobre um projeto mobilizador podem não agir de forma efetiva. O simples fato de promover a divulgação da causa ou do projeto mobilizador, mesmo sendo importante para difundir informações, não é suficiente para garantir um vínculo mais forte entre as pessoas. Um cuidado especial deve ser dado a essas informações que são difundidas, pois elas não podem se resumir a meros anúncios, e, mesmo com a difusão de informações qualificadas, isso não é suficiente para estimular a ação dos sujeitos.

Como já destacamos no capítulo anterior, há uma série de condições para tornar públicos a causa e o projeto, ou seja, para sua inserção na esfera pública, visando o alcance do interesse público. Isso demanda a construção de uma forte *argumentação*, além da formulação de um *imaginário convocante*, a partir dos elementos simbólicos que possam ser facilmente compartilhados e reconhecidos pelos públicos. Todo esse conjunto de informações – informações qualificadas, argumentos e material simbólico – deve permitir aos sujeitos construir uma imagem positiva da causa e do projeto, aceitando-os como legítimos e acreditando na sua viabilidade de acordo com valores comuns que possam compartilhar. É requisito essencial da ação que os sujeitos detenham as informações necessárias, fazendo delas um julgamento positivo em relação à mobilização que se propõe. Isso faz aumentar a força dos vínculos desses sujeitos com a causa e o projeto, levando-os à ação (Fig. 2).

```
┌─────────────┐
│ Informação  │
└─────────────┘
       ↓
     ┌─────────────┐
     │ Julgamento  │
     └─────────────┘
            ↓
          ┌─────────────┐
          │    AÇÃO     │
          └─────────────┘
```

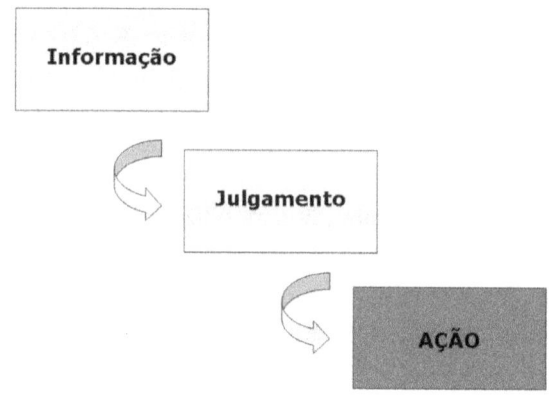

Figura 2 – Do julgamento à ação

É de se esperar então que, ao passar à ação, ou seja, à condição de *agente*, o sujeito passe a ter um vínculo mais forte com a causa e o projeto. Caso seu julgamento seja negativo, poderá ser um antagonista ou, no mínimo, indiferente em relação à causa proposta. Caso tenha um julgamento positivo, não se tornará necessariamente um agente, podendo manter-se apenas como um *simpatizante* da causa. Mesmo ficando nesta condição, sem uma ação mais concreta junto ao grupo, as pessoas que se encontrarem nesse ponto de vinculação são importantes para gerar uma base de aceitação social e *legitimação* da causa e do projeto. É claro que, em momentos críticos nos quais seja necessário expandir a mobilização, estas pessoas estarão em melhores condições de serem convocadas a agir.

Os elementos de coesão e de continuidade do grupo mobilizado

Uma vez que os sujeitos atingem a condição de *agentes*, ainda estamos diante de um problema: como identificar se eles alcançaram o nível da corresponsabilidade esperado como vínculo ideal? Este problema torna-se presente quando tentamos qualificar a participação das pessoas no projeto mobilizador. Existem participações mais episódicas e pontuais nas atividades correntes da mobilização e outras com um grau de envolvimento bem maior, contínuas. Num grupo mobilizado várias situações serão apresentadas, mas isso não quer dizer que a corresponsabilidade se manifeste apenas naqueles sujeitos que tendem a se envolver mais com a causa e com o projeto. Os motivos pelos quais as pessoas participam e as condições em que participam são extremamente variáveis e de cunho subjetivo. A questão que o grupo mobilizado deve formular é *em que medida ele consegue estimular os sujeitos a uma participação mais corresponsável.*

Buscar a corresponsabilidade num grupo mobilizado é favorecer as condições para que as pessoas tenham um maior envolvimento, que vá além de uma participação pontual. A principal condição para isso é a *coesão* do processo mobilizador. Essa coesão pode ser explicada por:

- uma unidade explícita de valores e de propósitos, que justifique aos participantes, constantemente, a sua interação grupal e não deixe que eles percam o sentido desta união em um grupo mobilizado;

- uma unidade de ação, que valide o projeto como tendo suas ações focadas, sem perder a causa de vista e sem dispersar esforços.

Todo grupo mobilizado sempre constrói muitas estratégias de coesão, mesmo que intuitivamente. Mas, dependendo da complexidade do projeto ou movimento, tais estratégias podem ser objeto de um planejamento mais minucioso e formal, por exemplo, a formulação de uma agenda de ações, onde possam ser visualizadas as interações mais complexas. É essencial que haja um planejamento em cada projeto mobilizador e que a agenda de atividades deste componha estrategicamente as ações, focadas em seus objetivos e devidamente encadeadas, de forma a garantir unidade e coerência, pois estas serão percebidas pelos seus públicos. Outras ações de coesão devem ser buscadas por meio do constante estímulo e da permanente motivação do grupo. Para isso, é fundamental gerar um fluxo de comunicação permanente, que permita a todos não só o compartilhamento de informações técnicas ou o reforço das bandeiras de luta e dos objetivos, mas também a demonstração dos resultados e das conquistas obtidas e a importância delas para o processo mobilizador em geral.

Outro fator crucial na busca da corresponsabilidade consta nas estratégias de *continuidade*. Como vimos, projetos mobilizadores pouco coesos tendem a uma participação descontinuada. Afinal, as pessoas podem sentir extrema desmotivação em persistir na luta por uma causa caso o grupo que a defenda se mostrar desunido, enfraquecido quanto ao seu acordo em relação aos propósitos de mobilização, sem ações focadas nem interligadas. A perda de sentido na ação desestimula, mesmo que alguns resultados importantes estejam sendo efetivamente alcançados. Assim, o projeto mobilizador é o tempo todo desafiado a evidenciar a continuidade de sua ação, mesmo nos momentos em que esta ação seja menos visível ou em períodos de baixa participação.

Como já vimos, uma estratégia comum dos grupos mobilizados é sempre apontar para uma visão de futuro que possa justificar a persistência e a atuação continuada dos vários agentes agora, no presente. Deve oferecer bons argumentos que motivem os sujeitos, através da percepção das vantagens de persistir a despeito das dificuldades encontradas. Por outro lado, também é importante que o projeto objetivamente crie condições para não interromper suas ações. A simples interrupção pode dar a sensação de que nenhum dos esforços vai adiante. É fundamental demonstrar que etapas são vencidas, ciclos são fechados e, mesmo com o processo dinâmico de transformação da causa e do projeto, há uma constante adaptação às novas realidades, sem que as ações fiquem "engessadas". O diagrama exposto na Fig. 3 mostra as condições que o projeto de mobilização social deve prover para a geração de uma tendência ao vínculo corresponsável.

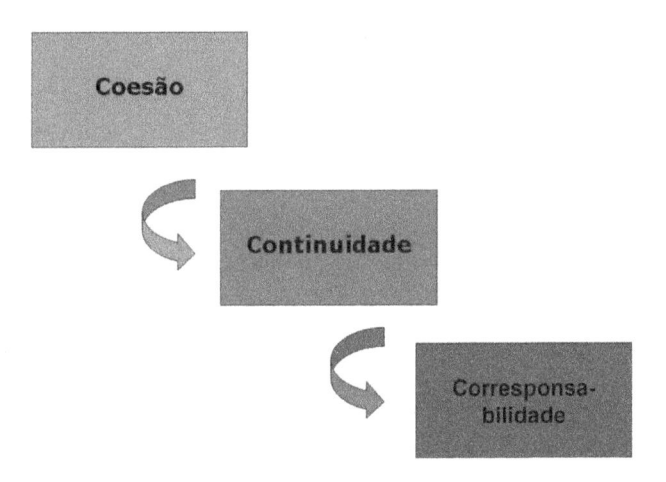

Figura 3 – Condições para a ação corresponsável

Os principais desafios para a constituição do vínculo corresponsável com os públicos dos projetos de mobilização social

Podemos aqui destacar alguns dos principais desafios que se apresentam para a constituição de um vínculo forte de corresponsabilidade dos sujeitos com a causa e com o projeto mobilizador. Para isso, vamos tomar a perspectiva da relação entre o projeto mobilizador e seus públicos. Consideraremos aqui, como público, de modo prático, todo agrupamento de pessoas e/ou instituições sobre o qual o projeto mobilizador incide seu interesse e que pode, potencialmente, responder positivamente a este interesse. Em outras palavras, todo projeto mobilizador está interessado na adesão e na participação de outras pessoas ou instituições que possam se unir na defesa de sua causa. Ao projetar esse interesse, o grupo mobilizado pensa naquelas pessoas ou instituições que podem se enquadrar em pelo menos três situações:

(a) beneficiar-se com a solução do problema;

(b) ter afinidade com esta causa, por alguma razão, tendendo a aceitar a causa publicamente como concreta e legítima; e

(c) ter vontade de efetivamente agir, mobilizando-se em prol da causa.

Por isso podemos pensar em pelo menos três grandes blocos de públicos. Chamamos o primeiro de *beneficiados*, o segundo, de *legitimadores*, e o terceiro, de *geradores* com os quais o projeto mobilizador precisa se comunicar (Fig. 4).

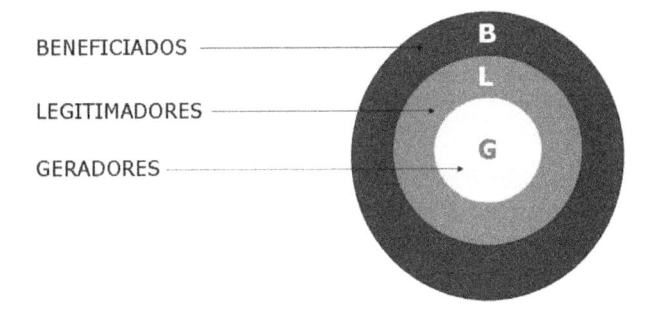

Figura 4 – Os públicos de um projeto mobilizador

Vejamos como identificar cada um desses segmentos:

- *Beneficiados* – Este é o grupo de maior abrangência. Como a causa de um projeto mobilizador só se constitui se for de interesse público, temos que considerar, por princípio, que a solução do problema que detectamos beneficiará direta ou indiretamente todos os que estiverem contidos na área de abrangência que definirmos para nosso projeto, mesmo aquelas pessoas que desconheçam o problema ou que não concordem com a sua existência. O sentido de público, aí, define o que, potencialmente, atinge e convém a todas as pessoas dentro de um campo que consideramos como foco da nossa mobilização. É essencial termos bem definido o alcance da mobilização para que possamos visualizar adequadamente com quais pessoas ou instituições pretendemos nos relacionar. Se nos mobilizamos, por exemplo, por problemas detectados em um bairro, podemos defini-lo como área de abrangência e considerar toda a população desse local como sendo o público beneficiado. Isso pressupõe a nossa crença de que a superação desses problemas e as melhorias conquistadas irão beneficiar a todos indistintamente, mesmo que muitos dos habitantes sequer tenham conhecimento do problema, sejam contrários à nossa causa ou, ainda, possuam outras visões sobre as ações mobilizadoras, distintas das nossas. Também devemos considerar que, dentre todos os beneficiados de nosso projeto mobilizador, teremos aqueles que são mais diretamente afetados pelo problema em questão e aqueles que apenas sofrem suas consequências indiretas. Isso acontece muito em relação aos temas da segurança pública.

- *Legitimadores* – Como já apontamos, os públicos, de posse de informações sobre a causa e sobre o projeto mobilizador, farão seu julgamento sobre a sua aceitabilidade e legitimidade. Diante de uma visão positiva, o público beneficiado pode ser também simpatizante e, consequentemente, legitimador da causa e do projeto. É muito importante constituir uma boa base de públicos legitimadores, pois esses estarão disponíveis para ajudar a sustentar a causa junto à opinião pública, principalmente dentro da própria área de abrangência da mobilização. Este grupo, portanto, pode ser identificado a partir da detecção das pessoas e grupos que possuem um julgamento positivo. Mesmo que possamos detectar a imagem positiva e a simpatia das pessoas pela causa e pela mobilização, isso não torna esse segmento homogêneo e estável. A qualquer momento a boa imagem pode ser desafiada pelos próprios acontecimentos, no correr do processo. As opiniões podem mudar e os aspectos importantes – como a reputação do projeto mobilizador – podem ser postos à prova no decorrer dos próprios embates na esfera pública. Cabe, portanto, um grande esforço de todo grupo mobilizado para manter, tanto quanto possível, essas imagens e opiniões favoráveis.

- *Geradores* – são aquelas pessoas ou os grupos que efetivamente se tornam agentes da mobilização. Entretanto, já vimos que o tipo e a intensidade da ação variam:

desde as ações mais episódicas e pontuais, até as mais coesas e contínuas, motivo pelo qual este segmento não se manifestará homogêneo. Este segmento guarda uma relação de dependência com o segmento de legitimadores, uma vez que, por decorrência lógica, não nos tornamos agentes de algo com o qual não concordamos e consideramos legítimo. Por isso também não podemos considerar este segmento estável. Além da variabilidade da imagem e da opinião, sempre sujeitas a mudanças, entra em jogo a *vontade* de se tornar um agente, o que depende de inúmeros fatores, como a motivação, o conjunto das relações grupais que se estabelecem, etc.

Diante deste quadro podemos compreender dois aspectos fundamentais:

1) No diagrama, os três segmentos de públicos estão contidos um no outro, de tal forma que: (a) todo gerador é beneficiado pela sua própria ação, mas nem todo beneficiado torna-se um agente no processo de mobilização; (b) todo gerador é um legitimador que se torna, em algum momento, um agente, mas nem todo legitimador torna-se gerador (e, mesmo dentre estes, pode não ser agente todo o tempo); (c) todo legitimador é também beneficiado, mas nem todo beneficiado será legitimador da causa e do projeto mobilizador, o que pressuporia a inexistência de opositores à causa.

2) A própria constituição dos públicos legitimador e gerador nos informa sobre a instabilidade e a volatilidade do processo de mobilização social. A cada momento da mobilização esses segmentos podem ter tamanhos diferentes que variam conforme a imagem que deles é projetada e às motivações para ação que se apresentam, dentre outros fatores.

Podemos, então, reconhecer que traçar estratégias para que maior número de beneficiados possam tornar-se legitimadores e estimular maior número de legitimadores a serem também geradores são dois importantes desafios à vinculação dos públicos. Mas há ainda outro a superar, que é o da manutenção de uma relativa estabilidade do grupo mobilizado perante a instabilidade das opiniões e das vontades e do próprio dinamismo da causa e do processo mobilizador.

E, afinal, como podemos entender o processo de vinculação na mobilização necessária aos projetos de polícia comunitária? Já vimos no capítulo anterior que a vinculação em projetos de polícia comunitária, assim como em qualquer projeto mobilizador, depende da forma como ocorre a coletivização das causas de segurança pública. De modo mais específico, podemos apontar alguns aspectos mais relevantes para a construção de uma responsabilidade compartilhada em relação a estas causas:

(a) A necessidade de estabelecer com clareza os papéis da polícia e dos públicos locais (as comunidades). É evidente que a polícia reveste-se de um papel institucional que é diferenciado dos outros agentes ou geradores, no processo de mobilização pela segurança do local. Mesmo se pensarmos nos demais públicos que devem entrar em interlocução, além da própria polícia, veremos que a sua natureza e os seus papéis também são distintos, pois não envolvem apenas os cidadãos comuns, mas também instituições representativas, governamentais e não governamentais. Uma dificuldade a ser sempre enfrentada é a de alinhar as expectativas entre esses diversos segmentos, no correr da própria interlocução.

(b) Uma vez posicionadas publicamente as causas de segurança pública numa localidade, a geração de um sentimento de corresponsabilidade em relação a estas causas não pode se restringir ao segmento da população diretamente afetado pelas consequências dos problemas de segurança, ou seja, aos vitimados mais diretamente pela violência e pela criminalidade. A geração da corresponsabilidade depende de uma solidariedade daqueles que não vivem o impacto direto do problema para com os que são afetados. Mais ainda: depende de uma compreensão ampla sobre o problema da violência, cuja percepção influencia o sentimento de bem-estar e de qualidade de vida naquela localidade de modo substantivo. A mobilização deve manter-se mesmo quando problemas mais graves são resolvidos. Sendo a segurança uma questão permanente e que deve ser vista sob o ponto de vista da prevenção, a mobilização deve manter a coesão e a continuidade, mesmo fora de momentos críticos, quando tudo se mostra mais tranquilo na localidade, ou seja, não pode se restringir apenas aos problemas mais imediatos.

(c) A legitimação dos projetos mobilizadores depende, em grande medida, da própria imagem que a polícia projeta. Mas isso não pode ser obtido apenas por um esforço de propaganda e *marketing* da Polícia. Isso só será conquistado pela sua postura adequada aos princípios de polícia comunitária, de respeito aos direitos humanos, de compromisso com a participação dos públicos, ou seja, pela coerência de suas atitudes, que estarão todo o tempo expostas ao escrutínio desses públicos.

CONCLUSÃO

O desafio à comunicação pública da polícia: estímulo à participação e à cooperação

A mobilização social em torno da questão da segurança pública ganha evidência como um dos pilares fundamentais para a prática efetiva da polícia comunitária. O que aqui colocamos em questão quanto ao sentido de comunidade, à coletivização da causa da segurança pública e à vinculação dos diversos atores exige, no entanto, um esforço de mudança institucional vigoroso por parte das agências policiais, de tal forma que a participação não apenas seja estimulada, mas também produza uma parceria de fato e resultados concretos na manutenção de um ambiente mais pacífico. Por isso, gostaria de concluir com uma breve reflexão sobre a demanda por mudança no padrão de relacionamento com os públicos, que exige por sua vez uma postura e uma estrutura diferenciadas de comunicação das polícias.

A construção do diálogo na gestão da segurança pública depende fundamentalmente da geração de uma responsabilidade compartilhada (ou corresponsabilidade) entre Estado e cidadãos, o que significa dizer que se deve estabelecer um relacionamento através de vínculos de confiança entre a população e polícia. O desenho de uma sociedade democrática, que reposiciona a relação entre Estado e Sociedade Civil não pode ignorar a necessidade de estabelecer canais de comunicação que propiciem essa interação (ZÉMOR, 1995).

Num âmbito mais geral, esta é uma questão complexa, que necessita equacionar as dimensões operacional e política e tentar superar os principais obstáculos à proximidade com os públicos. A relação mais próxima com os públicos locais reflete a necessidade de resgatar a confiança na atuação da polícia, além de através dessa confiança, obter a cooperação desses públicos na execução de suas tarefas. Jerome Skolnick e David Bayley (2002, p. 32) colocam a *escuta das demandas* da população como condição para obtenção de apoio e cooperação para a participação civil no policiamento: "os policiais têm descoberto que, se desejam gozar do apoio e cooperação do público, devem estar preparados para ouvir o que a população tem a dizer, mesmo que seja desagradável". Isso implica em reciprocidade de comunicação que deve não somente ser aceita, mas encorajada.

O grau e a qualidade de participação que está em jogo sob esse modelo é um ponto sempre controverso e conflitante, principalmente no que se refere à expectativa de deliberação conjunta dos atores que participam das instâncias formais. Entre as expectativas consultivas e deliberativas projetadas sobre esses fóruns, nem sempre há uma visão clara dos limites a partir dos quais a própria participação civil passa a ser considerada inconveniente pelas autoridades policiais. Sob esse prisma, a implantação de polícia comunitária encontra vários obstáculos, principalmente no que se refere à cultura interna da corporação, que vão muito além da disposição de descentralização da autoridade, mudando a responsabilização interna do comando: a cultura fortemente corporativa, com forte solidariedade interna, cria dificuldades para aceitação do cidadão comum e de suas demandas; o sistema de recompensas, que tende a premiar mais os esforços de reação repressiva (pronta resposta), não incentiva o engajamento dos policiais em atividades tipicamente preventivas. Um dilema básico que preocupa a polícia é que a abertura à participação frequentemente leva a uma maior pressão sobre a sua atividade e, com isso, ela tende a sentir maior cobrança em relação aos seus métodos de trabalho, aos resultados e ao próprio controle sobre as suas atividades mais rotineiras, que têm a ver com o seu poder discricionário (GOLDSTEIN, 2003).

Sob o ângulo externo, a expectativa de mudança no relacionamento com os públicos requer que a organização enfrente o desafio de lidar com uma imagem pública contraditória: por um lado, pode inspirar admiração, confiança e sentimento de proteção (considerando a noção de uma função social cumprida pela polícia) e, por outro, o medo, a suspeita e a desconfiança (considerando a polícia como símbolo de autoridade e força, inclusive devido ao acúmulo histórico de abusos do poder policial). A cultura organizacional fortemente marcada estimula percepções coletivas contraditórias (PUNCH, 1979), ou repletas de estigmas que recaem sobre a figura do policial e sobre as suas tarefas (BITTNER, 1975). A ambiguidade nas expectativas sociais em relação ao papel da polícia e, consequentemente, na sua imagem perante a população constitui um problema delicado, que demarca os limites dentro dos quais o relacionamento com os públicos tem lugar.

Quanto à comunicação organizacional e sua materialização em estratégias e estruturas dos setores de comunicação das polícias, o desafio, ao introduzir a filosofia de polícia comunitária, é traçar uma política de comunicação pública que contemple essa nova demanda, seja do ponto de vista das estratégias de comunicação interna, seja com mudanças na maneira como se refere aos públicos externos. Para estes, cremos que o modelo tradicional de relações públicas, baseado essencialmente na *difusão* de informações para públicos gerais em larga escala, não se mostra mais adequado e suficiente para atender à demanda de estabelecer contatos mais próximos com públicos específicos. Da ênfase quase exclusiva na produção e na *difusão* de informações, passa-se à exigência de *interlocução*, o que altera o fluxo comunicativo. O discurso acerca da demanda por implantação da polícia comunitária expressa com clareza a necessidade de mudança estrutural (muitas vezes referida como "modernização" da gestão organizacional), deixando patentes os princípios que devem guiar o relacionamento com os públicos tais como proximidade e transparência.

Acentuam-se, assim, os desafios de traçar estratégias de comunicação pública que possam dar suporte a todo esse conjunto de relações de proximidade – com os cidadãos nas localidades e com as diversas instituições com as quais a polícia precisa manter interlocução. Nesse mapa de relacionamentos – uma "comunidade" composta por variados grupos de cidadãos e instituições com seus diversos graus de representatividade e legitimidade – enseja relações (todo o tempo) contraditórias, divididas entre o conflito e a cooperação, o que é próprio de um jogo de relações políticas e deve ser encarado como o desafio da participação em modelos democráticos de deliberação pública. A comunicação pública para essa finalidade precisa ser aberta o suficiente para não só informar cidadãos e instituições sobre as possibilidades de deliberação, mas também para buscar manter *coesão* entre os diversos atores, não obstante as suas diferenças. A tarefa é garantir a manutenção das instâncias de interlocução, como os conselhos comunitários de segurança pública, da forma mais representativa, legítima e estável possível.

A natureza dessa comunicação pública deve responder a algumas funções específicas, das quais destacamos:

- Informação de utilidade pública: Dar a conhecer os serviços que estão disponíveis, bem como as formas de acesso. Para a garantia do mais amplo acesso aos serviços, é fundamental que as informações básicas sobre os procedimentos, canais, formas de prestação do próprio serviço sejam largamente difundidas entre os públicos.
- Prestação de contas pública: Promover a *accountability*, respondendo à obrigação de informar o público e de prestar contas de suas atividades.
- Construção de um ambiente de cooperação: Criar as condições favoráveis para a cooperação entre os sujeitos e deles com os agentes públicos, através do vínculo da corresponsabilidade em relação a uma causa de interesse público e de um efetivo diálogo entre os atores.

As duas primeiras funções evidenciam-se tradicionalmente nas políticas de comunicação dos mais diversos órgãos públicos. Já a terceira pressupõe muito mais do que as funções típicas de comunicação – ligadas às condições de visibilidade e publicidade – pois é aí que reside a possibilidade de construção de um diálogo efetivo, o que pressupõe a administração pública como portadora da responsabilidade de criar condições para que haja deliberação conjunta e colaboração entre agentes do Estado e cidadãos.

Um ambiente de cooperação é aquele em que se criam as melhores condições possíveis para que os sujeitos possam deliberar e agir orientados para o entendimento mútuo. Na formulação de Habermas (1984, p. 164), esse tipo de coordenação de ações difere daquele orientado para o sucesso, em que os atores tentam alcançar seus objetivos e metas influindo externamente sobre o outro: trata-se, ao contrário, de "harmonizar internamente seus planos de ação e só perseguir suas respectivas metas sob a condição de um *acordo* existente ou a se negociar sobre a situação e as consequências esperadas". Assim, um ambiente de cooperação não é, ao contrário do que possa inicialmente parecer, um ambiente harmônico, desprovido de conflitos. Deve tratar o conflito por meio de uma disposição dos atores de dialogar e cooperar apesar das divergências que se manifestam, ou seja, através de uma disposição permanente para negociar os vários sentidos, de tal forma que se produzam os acordos esperados.

Quanto às condições essenciais de efetiva deliberação *democrática*, é importante atentar para os princípios que regulam essas condições: reciprocidade, publicidade e *accountability* (GUTTMAN; THOMPSON, 1996).[16] Isso evidencia que a prática da deliberação pública exige atenção não apenas aos processos comunicativos que ocorrem para *divulgar* ou *chamar à participação* mas também às possibilidades de propor publicamente

---

[16] Em minha tese de doutorado (HENRIQUES, 2008) analiso as questões de participação e deliberação em três conselhos comunitários de segurança pública (CONSEP) de Belo Horizonte/MG, com base nestes três princípios.

a *tematização* de questões que devem ser reconhecidas como relevantes. Como observa Maia (2004), a publicidade, num sentido forte, não se limita à difusão ou exposição pública, mas cria um espaço para a deliberação e o governa, produzindo padrões para julgar os acordos ali produzidos. O posicionamento dessas questões no plano coletivo envolve negociação de sentidos em que entram em jogo os interesses individuais, a formulação de acordos através do debate público e a promoção de sua visibilidade.

Os fóruns de discussão abertos à participação dos cidadãos, como os conselhos comunitários de segurança pública, precisam operar sob exposição pública de razões, no sentido tanto de poderem ser livremente expressas quanto de ser reconhecidas como válidas. Por outro lado, a discussão – e a eventual tomada de decisões informada sobre os assuntos públicos – depende, como condição geral, da disponibilidade aberta de informações (BOHMAN, 2000; HELD, 1995), que devem ser inteligíveis para o público e de uma oferta ao conhecimento público dos fenômenos, intenções, planos e atualidades. As condições e os princípios criam, portanto, um nexo fundamental com a prática da comunicação institucional, seja dos próprios fóruns, seja das agências administrativas do poder público que a ele estão ligados.

Outras características fundamentais a ser consideradas são a abertura e a inclusividade: um ambiente de cooperação não pode se fechar em si mesmo, de vez que um processo de mobilização deve estar sempre pronto a expandir-se, incorporando sempre novos membros e, com eles, absorver, a todo momento, novas ideias, novas leituras e perspectivas. Reconhecendo a inter-relação dinâmica entre as três funções, a nosso ver, a construção do diálogo na gestão da segurança pública constitui o maior desafio no que se refere a uma política de relacionamento da polícia com a população, consentânea com o cenário democrático atual e com a filosofia de polícia comunitária.

Referências

AVRITZER, Leonardo. *Sociedade civil e democratização*. Belo Horizonte: Del Rey, 1994.

BAUMAN, Zygmunt. *Comunidade: A busca por segurança no mundo atual*. Rio de Janeiro: Zahar, 2003.

BEATO FILHO, Cláudio Chaves. Políticas públicas de segurança e a questão policial. *São Paulo em Perspectiva*, São Paulo, v. 13, n. 4, p. 13-27, 1999.

BEATO FILHO, Cláudio Chaves *et al*. Segurança cidadã no Brasil: experiência em curso em Belo Horizonte. In: *Seguridad Ciudadana en Las Américas – Proyecto de Investigación Activa*. Washington: Woodrow Wilson International Center for Scholars, 2007.

BECKER, Howard. *Uma teoria da ação coletiva*. Rio de Janeiro: Zahar, 1977.

BELLEBAUM, Alfred; FERDINAND, Tönnies. In: MIRANDA, Orlando de (Org.). *Para ler Ferdinand Tönnies*. São Paulo: Edusp, 1995. p. 73-85.

BITTNER, Egon. *The functions of the police in modern society*. New York: Jason Aronson, 1975.

BOHMAN, James. *Public Deliberation: Pluralism, complexity and democracy*. Massachusetts: MIT Press, 2000.

BORDUA, David J.; REISS JR., Albert J. Command, control, and charisma: Reflections on police bureaucracy. *The American Journal of Sociology*, Chicago (USA), v. 72, n. 1, p. 68-76, 1966.

BRAGA, Clara S.; HENRIQUES, Márcio S.; MAFRA, Rennan L. M. O planejamento da comunicação para a mobilização social: em busca da corresponsabilidade. In: HENRIQUES, Márcio S. (Org.). *Comunicação e estratégias de mobilização social*. Belo Horizonte: Autêntica, 2004.

BRASIL, Congresso Nacional. *Constituição da República Federativa do Brasil de 1988* [organizado por Cláudio Brandão de Oliveira]. 9. ed. Rio de Janeiro: DP&A, 2001.

CASTELLS, Manuel. *A sociedade em rede*. 2. ed. São Paulo: Paz e Terra, 1999.

CURRY, Glen D.; SPERGEL, Irving A. Gang homicide, delinquency and community. *Criminology*, Oxford (UK), v. 26, n. 2, p. 381-405, May 1988.

CERQUEIRA, Carlos Magno N. *O futuro de uma ilusão: o sonho de uma nova polícia*. Rio de Janeiro: Freitas Bastos, 2001.

CHIBNALL, S. *Law and order news*. London, Tavistock, 1977.

COTTA, Francis Albert. *Breve história da Polícia Militar de Minas Gerais*. Belo Horizonte: Crisálida, 2006.

CURRY, Glen D.; SPERGEL, Irving A. Gang homicide, delinquency and community. *Criminology*, Oxford (UK), v. 26, n. 2, p. 381-405, May 1988.

DAGNINO, Evelina (Org.). *Sociedade civil e espaços públicos no Brasil*. São Paulo: Paz e Terra, 2002.

ERICSON, Richard V. *Crime and the media*. Aldershot, Dartmouth, 1995a.

ERICSON, Richard V. *The news media and accountability in criminal justice*. In: Stenning, P.C. (Org.). Accountability for criminal justice. Toronto: University of toronto Press, 1995b.

FREITAS, Lauro. *A evolução dos modelos de policiamento: Um estudo do planejamento dos novos serviços preventivos de segurança pública na Polícia Militar de Minas Gerais*. 2003. 173 f. Dissertação (Mestrado em Engenharia de Produção) – Escola de Engenharia, Universidade Federal de Minas Gerais, Belo Horizonte, 2003.

FUNG, Archon. *Empowered Participation. Reinventing Urban Democracy*. Princeton (USA), Princeton University Press, 2004b.

FUNG, Archon. Receitas para esferas públicas: oito desenhos institucionais e suas conseqüências. In: COELHO, Vera S. P.; NOBRE, Marcos. *Participação e Deliberação:* Teoria democrática e experiências institucionais no Brasil contemporâneo. São Paulo: Ed. 34, 2004a. p. 173-209.

GOLDSTEIN, Herman. *Policiando uma sociedade livre.* São Paulo: Edusp, 2003.

GOMES, Wilson. Esfera pública e media: com Habermas, contra Habermas. RUBIM, Antonio Albino; BENTZ, Ione Maria G.; PINTO, Milton José (Orgs.) *Produção e recepção dos sentidos midiáticos.* Petrópolis: Vozes, 1998.

GUTMANN, Amy; THOMPSON, Dennis. *Democracy and Disagreement.* Cambridge, MA: Harvard University Press, 1996.

HABERMAS, Jürgen. *Mudança Estrutural da Esfera Pública. Investigações quanto a uma categoria da sociedade burguesa.* Rio de Janeiro: Tempo Brasileiro, 1984.

HELD, David. *Democracy and the Global Order: from the modern state to cosmopolitan governance.* Cambridge: Polity Press, 1995.

HENRIQUES, Márcio S. (Org.). *Comunicação e estratégias de mobilização social.* Belo Horizonte: Autêntica, 2004.

HENRIQUES, Márcio S. *Falar para a sociedade, falar com as comunidades. O desafio da construção do diálogo na comunicação pública da Polícia Militar de Minas Gerais.* 2008. 240 f. Tese (Doutorado em Comunicação Social) – Faculdade de Filosofia e Ciências Humanas, Universidade Federal de Minas Gerais, Belo Horizonte, 2008.

HUGGINS, Martha F. *Polícia e política: relações Estados Unidos/América Latina.* São Paulo: Cortez, 1998.

INSTITUTO LATINO AMERICANO DAS NAÇÕES UNIDAS PARA A PREVENÇÃO DO DELITO E TRATAMENTO DO DELINQÜENTE (ILANUD). *Polícia Comunitária:* pesquisa de avaliação da experiência no município de São Paulo. *Revista do Ilanud.* São Paulo, v. 1, n. 19, 2002.

KASARDA, John. D.; JANOWITZ, Morris. Community Attachment in Mass Society. *American Sociological Review,* Albany (USA), v. 39, n. 3, p. 328-339, June 1974.

LEMERT, Edwin M. Estructura social, control social y desviación. In: CLINARD, Marshall B. *Anomia y conducta desviada.* Buenos Aires: Paidós, 1954.

MACIVER, Robert M. *Community: a sociologial study*. Being an attempt to set out the nature and fundamental laws of social life. Londres: Macmillan and Co., 1920.

MAFRA, Rennan L. M. *Entre o espetáculo, a festa e a argumentação – mídia, comunicação estratégica e mobilização social*. Belo Horizonte: Autêntica, 2006.

MAIA, Rousiley C. M. Dos dilemas da visibilidade midiática para a deliberação pública. LEMOS, André et al. (Orgs.). *Livro da XII Compós*. Porto Alegre: Sulina, 2004. p. 9-38.

MAIA, Rousiley C. M. Mídia e vida pública: modos de abordagem. In: CASTRO, Maria Ceres P. S.; MAIA, Rousiley C. M (Orgs.). *Mídia, esfera pública e identidades coletivas*. Belo Horizonte: Ed. UFMG, 2006. p. 11-47.

MATUSEDA, Ross L. Reflected appraisals, parental labeling, and delinquency: specifying a symbolic interactionist theory. *American Journal of Sociology*, Chicago (USA), v. 97, n. 6, p. 1577-1611, May 1992.

MELUCCI, Alberto. *Challenging Codes: collective action in the information age*. Cambridge: Cambridge University Press, 1996.

MENEZES, Daniela S. M. *Entre as fronteiras do debate público e do mercado*: as estratégias discursivas da Companhia Souza Cruz. 2003. 257 f. Dissertação (Mestrado em Comunicação Social) – Faculdade de Filosofia e Ciências Humanas, Universidade Federal de Minas Gerais, Belo Horizonte, 2003.

MINAS GERAIS. Governo do Estado. *Plano Estadual de Segurança Pública*. Belo Horizonte: agosto de 2000.

MINAS GERAIS. Polícia Militar. Diretriz para a produção de serviços de segurança pública nº 01/2002-CG: *Regula o emprego da Polícia Militar de Minas Gerais, na segurança pública*. Belo Horizonte: Comando-Geral da PMMG, 27 de março de 2002a.

MINAS GERAIS. Polícia Militar. Assessoria de Comunicação Organizacional da PMMG (PM5). Adjuntoria de Comunicação Externa. *Plano de Comunicação em Apoio à Polícia Comunitária*. Belo Horizonte: março de 2002b.

MINAS GERAIS. Polícia Militar. *Diretriz para a produção de serviços de segurança pública n.º 04/2002-CG: A filosofia de polícia comunitária na Polícia Militar de Minas Gerais*. Belo Horizonte: Comando-Geral da PMMG, 16 de dezembro de 2002c.

MINAS GERAIS. Polícia Militar. *Diretriz para a produção de serviços de segurança pública n.° 05/2002-CG: Estruturação e funcionamento de Conselhos Comunitários de Segurança Pública – CONSEP*. Belo Horizonte: Comando-Geral da PMMG, 27 de dezembro de 2002d.

MONKKONEN, Eric H. História da Polícia Urbana. In: TONRY, Michael; MORRIS, Norval (Orgs.). *Policiamento moderno*. São Paulo: Edusp, 2003. p. 577-612. (Série Polícia e Sociedade; n.° 7).

MOORE, Mark H. Policiamento Comunitário e Policiamento para a Solução de Problemas. In: TONRY, Michael; MORRIS, Norval (Orgs.). *Policiamento Moderno*. São Paulo: Edusp, 2003. p. 115-175. (Série Polícia e Sociedade; n. 7).

NISBET, Robert. *Comunidade*. In: FORACCHI, Marialice M.; MARTINS, José de Souza. *Sociologia e Sociedade. Leituras de introdução à Sociologia*. Rio de Janeiro: LTC, 1977. p. 255-275.

OLIVEIRA, Wellington; CUNHA, Álisson V. da. *A memória e a história da favela Cabana do Pai Tomás nos primeiros anos do seu surgimento*. [S.l.: s.n.], [200?]. Disponível em: <http://sisbib.unmsm.edu.pe>. Acesso em: 13 abr. 2007.

PAIVA, Raquel. *O espírito comum*. Rio de Janeiro: Mauad, 2003.

PAIXÃO, Antônio L. A organização policial numa área metropolitana. *Dados – Revista de Ciências Sociais*, Rio de Janeiro, v. 25, n. 1, p. 63-85, 1982.

PALMIERI, Gustavo. Políticas democráticas para segurança cidadã. *Cadernos Adenauer*, Rio de Janeiro, v. 4, n. 3, p. 11-27, 2003.

PHILLIPS, Emma; TRONE, Jennifer. O estabelecimento de confiança na polícia por meio da fiscalização civil. *Cadernos Adenauer*, Rio de Janeiro, v. 4, n. 3, p. 29-50, 2003.

PICHON-RIVIÈRE, Enrique. *O processo grupal*. 2. ed. São Paulo: Martins Fontes, 1986.

PINHEIRO, Paulo Sérgio. Prefácio. In: HUGGINS, Martha F. *Polícia e política*: relações Estados Unidos/América Latina. São Paulo: Cortez, 1998.

PUNCH, Maurice. *The secret social service in the British Police*. London: Edward Arnold Publishers, 1979.

REINER, Robert. *A política da Polícia*. São Paulo: Edusp, 2004.

REISS JR., Albert J. Organização da Polícia no Século XX. In: TONRY, Michael; MORRIS, Norval (Orgs.). *Policiamento Moderno*. São Paulo: Edusp, 2003. (Série Polícia e Sociedade; n. 7). p. 65-114.

SAMPSON, Robert J. The Community: Crime. In: WILSON J.Q.; PETERSILIA, J. *Public Policies for crime control*. Oakland: Institute for Contemporary Studies Press, 2004.

SAMPSON, Robert J.; GROVES, Walter B. Community structure and crime: testing social-disorganization Theory. *American Journal of Sociology*, Chicago (USA), v. 94, n. 4, p. 774-802, Jan. 1989.

SCHLESINGER, Philip; TUMBER, Howard. Fighting the war against crime: television, police, and audience. *British Journal of Criminology*. Oxford (UK), v. 33, n. 1, p. 19-32, 1993.

SCHMITZ, Kenneth. Comunidade: a unidade ilusória. In: MIRANDA, Orlando de (Org.). *Para ler Ferdinand Tönnies*. São Paulo: Edusp, 1995. p. 177-193.

SHAW, Clifford R.; McKAY, Hochman. *Juvenile Delinquency and Urban Areas*. Chicago (USA): The University of Chicago Press, 1969.

SKOLNICK, Jerome H.; BAYLEY, David H. *Policiamento comunitário: Questões e práticas através do mundo*. São Paulo: Edusp, 2002. (Série Polícia e Sociedade, n. 6).

SOUZA, Renato V. de. *Do exército estadual à polícia de resultados: crise e mudança de paradigmas na produção doutrinária da Polícia Militar de Minas Gerais (1969-2002)*. 2003. 317 f. Dissertação (Mestrado em Administração Pública) – Fundação João Pinheiro, Belo Horizonte, 2003.

TÖNNIES, Ferdinand. *Community and Society*. New York (USA): Dover Publications, 2002.

TORO, José Bernardo. *A construção do público. Cidadania, democracia e participação*. Rio de Janeiro: SENAC-RIO, 2005.

TORO, José Bernardo; WERNECK, Nísia Maria Duarte. *Mobilização social: um modo de construir a democracia e a participação*. Belo Horizonte: Autêntica, 2004.

ZÉMOR, Pierre. *La Communication Publique*. Paris: PUF, 1995. (Col. Que sais-je?)

O autor

Márcio Simeone Henriques é relações públicas, professor do Departamento de Comunicação Social da Universidade Federal de Minas Gerais. Mestre em Educação pela Universidade Federal do Rio de Janeiro e doutor em Comunicação Social pela Universidade Federal de Minas Gerais, dedica-se aos estudos sobre Comunicação para Mobilização Social. Na última década dirigiu pesquisas específicas sobre a mobilização social nas práticas de polícia comunitária, atuando como instrutor desta temática nos cursos de Multiplicador de Polícia Comunitária para a Secretaria de Defesa Social de Minas Gerais (SEDS-MG) e para a Secretaria Nacional de Segurança Pública (SENASP). É autor da tese *Falar para a sociedade, falar com as comunidades: o desafio da construção do diálogo na comunicação pública da Polícia Militar de Minas Gerais*. Publicou os livros *Comunicação e Estratégias de Mobilização Social* (coautor e organizador) e *Visões de futuro: responsabilidade compartilhada e diálogos com a comunidade* (coorganizador), ambos pela Autêntica Editora.

Outros títulos da coleção

Audiovisual comunitário e educação: histórias, processos e produtos
Autores: Juliana de Melo Leonel e Ricardo Fabrino Mendonça (Orgs.)

Este livro reflete criticamente sobre a questão do audiovisual comunitário, buscando contribuir para a promoção do acesso público à comunicação e para o desenvolvimento de metodologias na área de educação midiática. Estruturada em cinco eixos, a obra aborda múltiplas dimensões do fenômeno em questão. O primeiro eixo enfoca aspectos mais gerais, conceituais e históricos do audiovisual comunitário, além de justificar sua relevância. O segundo se debruça sobre algumas produções e sobre os processos que as possibilitam, discutindo suas gramáticas e enraizamentos sociais. O terceiro eixo enfoca as produções das TICs em espaços formais e não formais de ensino. O quarto eixo explora a questão da gestão de produções colaborativas. Finalmente, o quinto eixo apresenta textos de formatos variados, abrindo espaço para que alguns realizadores comentem suas experiências e levantando algumas iniciativas interessantes em curso no Brasil.

Comunicação e estratégias de mobilização social
Autor: Márcio Simeone Henriques (Org.).

O crescimento dos movimentos sociais lançou novos questionamentos quanto à importância da comunicação na permanência e solidificação desses. Os movimentos sociais, diante deste espaço midiatizado, procuraram transformar as lutas por reconhecimento em lutas por visibilidade. Os textos que constituem este livro discorrem sobre a necessidade de pensar os meios de comunicação de massa não como atividade fim, mas, sim, como atividade meio que explora o potencial educativo gerado pela participação ativa do cidadão em todo o processo.

Entre o espetáculo, a festa e a argumentação: mídia, comunicação estratégica e mobilização social
Autor: Rennan Mafra

Visibilidade, convocação, participação, comunicação – questões essas que instigam e permeiam os processos de mobilização social. Em que medida ações espetaculares se inserem nesses momentos? Quais as possibilidades tem a festa com vistas ao engajamento coletivo? Como os sujeitos são envolvidos, nos processos mobilizadores, em momentos argumentativos? Não por acaso tais questões representam o tema central deste livro, discutidas aqui particularmente a partir da relação entre mídia, comunicação estratégica e mobilização social. O autor propõe pensar como dimensões de espetáculo, festa e argumentação, enquanto processos comunicativos, instauram relações e modalidades de participação e interação com os sujeitos, em processos mobilizadores. Debruçando-se sobre a relação entre essas dimensões e a convocação política dos sujeitos para a deliberação pública das questões que afetam a todos, o autor enriquece a reflexão sobre a relação entre a comunicação e a mobilização social, no cenário democrático contemporâneo.

Mídias comunitárias, juventude e cidadania
Autora: Rafaela Lima

Pensar a democratização dos meios de comunicação fica mais fácil quando conhecemos o trabalho desenvolvido pela Associação Imagem Comunitária (AIC) em seu projeto Rede Jovem de Cidadania. No processo de tessitura coletiva da Rede, a ordem é dar visibilidade às mais diversas vozes e olhares. Ao possibilitar que a juventude tenha acesso a todo o processo de produção midiática em meios como rádio, televisão, mídia impressa e internet, a entidade apresenta novos modos de lidar com a comunicação. Propõe metodologias para que as práticas de mobilização, debate, construção de conhecimento, criação e reflexão sobre a mídia integrem, de forma indissociável, um processo amplo de redimensionamento da relação entre os sujeitos, os grupos e os meios de comunicação.

Neste livro, a reconhecida trajetória da AIC é apresentada em artigos que reúnem reflexões e análises sobre os critérios que a orientam. E, como forma de enriquecer a leitura, o diálogo entre comunicação, educação e cidadania encontra força em textos que sinalizam a importância da produção midiática ser descentralizada, plural, em defesa do direito de expressão e campo fértil para criatividade e inovação. Se pelos meios de comunicação a sociedade olha para si e para o mundo, nada mais justo do que essa iniciativa desafiante e necessária.

Mobilização social: um modo de construir a democracia e a participação
Autores: Nísia Maria Duarte Furquim Werneck , José Bernardo Toro

"O horizonte ético é o que dá sentido a um processo de mobilização. Um país explicita seu horizonte ético, seu projeto de nação, por meio da sua Constituição. Nela, ele define seu futuro, orienta suas escolhas. Quanto mais participativo tiver sido o processo de sua elaboração, mais essas escolhas refletem a vontade de todos e serão por todos compartilhadas. No artigo primeiro da nossa Constituição, está consagrada a nossa escolha pela democracia, tendo como fundamentos, entre outros, a cidadania e a dignidade humana. É necessário um entendimento preciso sobre o que significam essas opções."

Rádios comunitárias: mobilização social e cidadania na reconfiguração da esfera pública
Autora: Lílian Mourão Bahia

"As rádios comunitárias contribuem, de fato, para a reconfiguração democrática da esfera pública nas comunidades onde atuam? Quais os entraves da atuação das emissoras radiofônicas de alcance comunitário para agirem como reconfiguradoras das esferas públicas locais? Em que medida as rádios comunitárias contribuem para a formação e a fixação das identidades locais, como também para o exercício da cidadania e do reconhecimento social das populações locais? Quais os diferentes sentidos que os atores e movimentos sociais ligados às experiências das rádios comunitárias atribuem à prática da emissora comunitária?" Essas são algumas das questões elucidadas neste livro, que, além de caracterizar os recursos técnicos e humanos disponíveis nas rádios pesquisadas, investigou de que forma as comunidades locais participam e interagem com as programações e até que ponto essas emissoras comunitárias inovam e rompem, de fato, com o modelo radiofônico praticado pelas emissoras comerciais.

Visões de futuro: responsabilidade compartilhada e mobilização social
Autores: Márcio Simeone Henriques, Nísia Maria Duarte Furquim Werneck (Orgs.).

Esta coletânea traz exemplos de projetos mobilizadores que trabalham com uma visão de comunicação estratégica. Nos dois primeiros casos, empresas assumem a tarefa de estimular as comunidades, exercendo sua responsabilidade social, e apontam para uma nova realidade de relacionamento e, por isso mesmo, para as novas atitudes que precisam adotar frente aos mais diversos públicos. Como os próprios casos demonstram, este campo de interlocução não é algo construído sem conflitos, dilemas e contradições. Assim, as próprias estratégias e técnicas de comunicação precisam ser vistas como algo muito mais aberto e bem menos determinado, dado o caráter dinâmico dessas ações. Cremos que os casos aqui relatados podem estimular a ampliação das reflexões sobre a comunicação em processos de mobilização social e, mais além, ilustrar os desafios de comunicação com que a sociedade democrática se depara.

QUALQUER LIVRO DO NOSSO CATÁLOGO NÃO ENCONTRADO NAS LIVRARIAS PODE SER PEDIDO POR CARTA, FAX, TELEFONE OU PELA INTERNET.

Rua Aimorés, 981, 8º andar – Funcionários
Belo Horizonte-MG – CEP 30140-071

Tel: (31) 3222 6819
Fax: (31) 3224 6087
Televendas (gratuito): 0800 2831322

vendas@autenticaeditora.com.br
www.autenticaeditora.com.br

ESTE LIVRO FOI COMPOSTO COM TIPOGRAFIA PALATINO E IMPRESSO
EM PAPEL OFF SET 75 G NA FORMATO ARTES GRÁFICAS.